CURSO BÁSICO
DE DOMÓTICA

© 2011 *by* Librería y Editorial Alsina
Buenos Aires

Diseño de tapa:
Luciano García

Maquetación y armado de interiores:
Gráfica del Parque

ISBN 978-950-553-216-2

Queda hecho el depósito que establece la ley 11.723

Impreso en Argentina

Calloni, Juan Carlos
   Curso básico de domótica. - 1a ed. - Buenos Aires :
Librería y Editorial Alsina, 2011.
   80 p. ; 23x14 cm.

   ISBN 978-950-553-216-2

   1. Arquitectura. I. Título.
   CDD 728

Fecha de catalogación: 13/10/2011

JUAN CARLOS CALLONI

CURSO BÁSICO DE DOMÓTICA

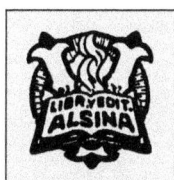

Librería y Editorial Alsina
Paraná 137 - C1017AAC Ciudad Autónoma de Buenos Aires
Tel.: 54 11 4373-2942 — Telefax: 54 11 4371-9309
info@lealsina.com   www.lealsina.com

La imaginación es más importante
que el conocimiento

Albert Einstein (1879 - 1955)

Ten activadas constantemente la Memoria,
la Inteligencia, la Voluntad
y la Imaginación

René Descartes (1596 - 1650)

A mi esposa

INDICE

PRÓLOGO

La finalidad de este Curso Básico de Domótica es que el instalador electricista pueda interpretar las ideas y conceptos técnicos que aportan los fabricantes a través de sus cursos de capacitación, así como también las explicaciones que se proporcionan en los eventos de exposiciones sobre este tema tan especializado.

La aparición de la PC u ordenador personal en el mercado a fines de la década de 1980, abrió un espectro de posibilidades con la fabricación masiva de microprocesadores (microCPU), integrados con otros componentes en los denominados microcontroladores. Los microcontroladores pueden imaginarse como pequeños PLC para gestionar datos binarios y también analógicos a nivel de prestaciones técnicas en viviendas y residencias, con un criterio más integrador que el de los módulos autómatas o relés inteligentes. La tecnología analógica, por razones de costos, ha ido quedando desplazada pero no excluida, y sólo se usa en aplicaciones especiales. El abaratamiento de los componentes denominados semiconductores para la fabricación de microprocesadores con transistores, diodos, resistencias y capacitores miniaturizados se debe a los semiconductores desarrollados en la microelectrónica en base a trabajos realizados por físicos que obtuvieron el Premio Nobel y a empresas europeas que invirtieron ingentes cantidades de dinero en investigación y desarrollo de la microelectrónica. Esta tecnología hizo tomar impulso a los PLC para uso industrial y a los microcontroladores para las aplicaciones en Domótica e Inmótica, mediante la tecnología de la lógica binaria con el empleo señales digitales, también denominadas discretas por contener poca información.

Luego de que la PC se instalara como herramienta de uso cotidiano y la Internet se impusiera provocando un cambio revolucionario en las telecomunicaciones, como paso siguiente se intentó que esa tecnología unida hiciese desaparecer los obstáculos para la integración de los sistemas de control aplicado a viviendas y edificios. Se dotó así a los edificios de "inteligencia artificial" y se adoptó el vocablo *Inmótica* para edificios terciarios y *Domótica* para residencias y viviendas.

Así es que una de las características que la aplicación de la micro-electrónica está ofreciendo en nuestro país a partir de la década de 1990, es la difusión de la llamada "inteligencia artificial" (Domótica).

Fruto de una evolución de años, se ha impuesto como tendencia en el mercado inmobiliario tanto de residencias de alto poder adquisitivo (Domótica) como en instalaciones terciarias como es el caso de edificios administrativos, shoppings, hospitales privados, etc. (Inmótica). La Inmótica es una Domótica de más alta gama para audio, video seguridad y energía de climatización en refrigeración y calefacción destinada a obras singulares en edificios para hoteles y oficinas de lujo.

Aunque no se trata de un tema nuevo, la Domótica comenzó a instalarse en nuestro país y está experimentando un crecimiento geométrico.

Edificios pioneros fueron las oficinas de IBM, la Torre Loma Negra y el Bank Boston.

Esto se debe a la necesidad por parte de las empresas de reducir costos operativos, mantenimiento y seguridad técnica (incendios, fugas de gas, agua, etc) y personal de sus edificios (detección de movimientos de personas).

Según encuestas realizadas por expertos la reducción de costos operativos se ubica en el 50%, en comparación con el gasto que implican los sistemas tradicionales de tecnología cableada. La Domótica implica un significativo valor agregado en el cierre de operaciones inmobiliarias.

La Domótica está integrada por las más variadas especialidades de la ingeniería y de la termodinámica, mecánica, electrónica e informática, entre otras.

La aplicación de la tecnología digital, está basada en microprocesadores o micro CPU similares a las de las PC, que reciben las señales o datos proporcionados por sensores que transforman magnitudes físicas en magnitudes eléctricas convenientemente procesadas y transmitidas a través de un cable denominado BUS de comunicación. Los sensores actúan como el sistema nervioso humano, permitiendo estructurar sistemas informáticos, electrónicos y de telecomunicaciones para gerenciar el funcionamiento de un hábitat de cualquier tipo.

La finalidad de la Domótica en viviendas y de su similar Inmótica para edificios terciarios es aumentar el confort y la seguridad para las personas, racionalizando y optimizando los recursos energéticos necesarios prioritariamente para climatización e iluminación, pero no en forma excluyente.

Estas tecnologías están programadas para mantener el aire acondicionado, encendido y apago de luminarias según el grado de luminosidad solar o decidir si conviene cerrar o levantar persianas en concordancia con la temperatura e iluminación exteriores. También es posible controlar movimientos de personas en circulación horizontal con la restricción de accesos, y el movimiento vertical con la vigilancia sobre los ascensores. Así se puede temporizar el funcionamiento de ascensores enviándolos a los pisos más solicitados en los horarios en que la circulación lo determina, desconectarlos cuando el edificio está desocupado de personas o llevarlos a planta baja y sacarlos de servicio en caso de incendio, momento en el cual también se actúan sistemas de voz para dar directivas necesarias para la evacuación, se presurizan las escaleras para mantenerlas libres de humo y se activan las alarmas, los sistemas de energía para emergencias y los sistemas extintores de incendio.

Existen diferentes servicios de Domótica para distintas necesidades de usuarios, con la posibilidad de extensión de módulos o nodos Domóticos conforme a actualización y/o expansiones de la empresa.

La Domótica es un símbolo del siglo XXI y la gestión de los edificios luego de su diseño y construcción son los factores claves para la aplicación y planificación de esta tecnología que tiene como límite único la imaginación.

Pero no sólo los edificios nuevos pueden adoptar la Inmótica sino que edificios antiguos pueden admitir adaptación para esta tecnología; tales son los casos de los hoteles Alvear y Sheraton, Barrio Norte, Pueto Madero, etc. En algunos casos hay tecnología domótica parcial, como es el caso de la Maternidad Suizo Argentina. El edificio República fue planificado para admitir actualizaciones que han permitido la flexibilidad, compatibilidad y confiabilidad de los nodos domóticos incorporados.

Como se explicitó al principio, la finalidad de este trabajo es iniciar en conceptos básicos a los instaladores electricistas que así lo deseen. Es el deseo del autor que sirva como punto de partida para asimilar conocimientos más avanzados, para los noveles instaladores a los que les interese este tema que va tomando importante desarrollo en nuestro país.

Como siempre, mis esfuerzos didácticos, están preferentemente planificados para los noveles instaladores electricistas del denominado por el ENRE "Nivel III".

Es posible, aunque no probable, que muchos instaladores o electricistas no tengan conocimientos de Domótica y de su tecnología originaria, que es la microelectrónica.

En el mercado argentino y como continuación del europeo, existen empresas que se ocupan de la provisión, instalación y puesta en servicio operativo de esta nueva tecnología.

La finalidad de este libro es informar sobre esta tecnología al que lo necesite, pues por razones laborales para instalación o mantenimiento muchos electricistas necesitan tener conocimiento sobre elementos de

Domótica, cuando están interesados en el estudio de la microelectrónica.

Es un hecho conocido que muchas empresas líderes de electricidad, dan cursos de capacitación (arancelados o no) para gente del gremio, pero esas empresas exigen que los postulantes a los cursos tengan nociones de electricidad, de electrónica y de manejo de PC.

Como dijimos, a partir del uso masivo de las PC, la utilización de circuitos integrados cada vez más pequeños y baratos favoreció en la industria la aplicación de los PLC y en los edificios terciarios (hoteles, hipermercados, shoppings, hospitales, grandes edificios administrativos),la denominada Inmótica. La denominación Domótica quedó reservada para residencias y viviendas.

En esta tecnología no sólo se buscó el confort sino prioritariamente el consumo racional de la energía, principalmente en aire acondicionado, calefacción y en iluminación.

Datos estadísticos informan que el 80% de la potencia instalada en los edificios la consume el aire acondicionado (refrigeración y calefacción). En los cursos y exposiciones de fabricantes a los cuales fui invitado como participante oyente, pude detectar las dudas técnicas y el desconocimiento de terminología específica, que preocupaban a algunos jóvenes y no tan jóvenes electricistas ante la tecnología y vocabulario específico empleado para explicar la naturaleza y función de los PLC, y en su oportunidad sobre los sistemas de Domótica y sus diversos componentes.

Esta tecnología comenzó a expandirse sobre todo en Europa (Bélgica, Suiza, Alemania, Francia, España, etc.) hacia la década de 1980, cuando comienza el desarrollo tecnológico de la electrónica digital y la fabricación en escala industrial y económica de los circuitos integrados formando microCPU, que al igual que el CPU en las PC conforman el cerebro gerenciador de las órdenes captadas por los sensores para ser procesadas en los microCPU o "Unidades Centrales de Control" (UCC) de los sistemas de Domótica para ser inteligentemente cumplidas por los actuadores.

En nuestro país comienza a tomar impulso a partir de la década de 1990, no sólo por confort y seguridad técnica para bienes (cortocircuitos, incendios, pérdidas de gas, etc),sino como se ha dicho precedentemente por un uso racional y planificado del consumo eléctrico.

En la esperanza de que este trabajo resulte de utilidad para los noveles instaladores electricistas del denominado por ENRE "Nivel III", me veré reconfortado en mi propósito de ser útil en el inicio operativo de esta disciplina.

Desde ya muchas gracias.

EL AUTOR

CAPÍTULO I

INICIACIÓN EN DOMÓTICA

CONCEPTOS GENERALES

En viviendas confortables, hoy se consumen 6 veces más de energía eléctrica que hace 25 años. Trabajos del Centro de Estudios de Opinión Pública (CEOP) a pedido de la Asociación para la Promoción de la Seguridad Eléctrica (APSE), revela que el 75% de las viviendas argentinas no cumplen con al menos un requisito de seguridad para personas y objetos en las instalaciones eléctricas.

La Domótica se está expandiendo para lograr el uso racional de la energía eléctrica, principalmente en iluminación y climatización (tanto de frío como de calor), juntamente con la seguridad y eficiencia en las prestaciones inteligentes.

Los sistemas de domótica que ofrecen las diversas empresas argentinas no son sistemas complejos ni difíciles de utilizar, pues se han aplicado las más avanzadas tecnologías para hacer las aplicaciones lo más *amigables* (compatibles) posible para el usuario en sus utilizaciones como:

Seguridad técnica

Los sistemas aseguran vigilancia las 24 horas del día los 365 días del año, para detectar y solucionar cualquier problema que pudiera surgir en la residencia o vivienda, como seguridad técnica y tales como:

– fugas de agua,
– fugas de gas,
– averías en electrodomésticos,
– fallas prolongadas en el suministro eléctrico,
– información confiable de otros eventos que puedan ocurrir en la vivienda.

Confort: Desde una pantalla táctil o desde cualquier teléfono de la red interior de la vivienda, el micro CPU, "Central de Mando" o "Unidad de Control" (microcontrolador) y que llamaremos UCC, recibirá las órdenes emitidas por el usuario y se las transmitirá a los nodos domóticos que forman la instalación estudiada para cada vivienda.

De esta manera se podrán configurar los parámetros básicos del sistema domótico para que actúen sobre los electrodomésticos, los automatismos o actuadores de persianas, sistemas de riego, iluminación, o el sistema antiintrusión planificado para la necesidad de cada usuario. Además podrá encender la calefacción, refrigeración o iluminación predeterminada para cada necesidad.

INSTALACIÓN

La instalación es previamente estudiada por el proyectista. Se pueden dar dos variantes:

a) instalación eléctrica existente en uso domiciliario (220 Voltios),
b) instalación eléctrica de nuevo diseño.

El sistema en general se compone, como se ha dicho, de una Unidad de Control o Módulo de Control (microcontrolador), donde un microprocesador o micro CPU incorporado va a gestionar las señales, y diversos nodos domóticos (sensores, actuadores) que se comunican los unos con los otros a través de la instalación eléctrica de 220 V convencional de la vivienda, o lo que se conoce como tecnología de comunicaciones por otros medios como onda portadora (sistema X-10), Zig-Bee, Wireless, Wi-Fi, etc.

La alimentación eléctrica de los **nodos domóticos** puede ser normalmente a 12 (o 24 Vcc, provista por un alimentador que es una fuente de alimentación que, recibiendo 220V de la red domiciliaria, entrega 12 Vcc para alimentar sensores y actuadores a través de un cable de dos hilos trenzado que recibe el nombre de BUS. La tensión de 12 Vcc es la más utilizada para energizar los circuitos de los sistemas de domótica, aunque no es excluyente, pero no debe ir más allá de 24 Vcc.

En los sistemas de domótica, en razón de trabajar con señales débiles (datos), se evita la presencia de campos electromagnéticos que puedan provocar interferencias por armónicas y perturbaciones por ruidos que se minimizan trenzando y apantallando el cable de BUS.

También se recurre al uso de filtros de red para evitar interferencias de instalaciones domóticas entre sí.

La utilización de la tecnología de corrientes portadoras como soporte para "montar" la señal de información domótica sobre la onda de corriente domiciliaria de 220V, facilita la conexión de los nodos domóticos en relación con los sistemas cableados y las ampliaciones futuras que sean necesarias, mediante módulos adicionales.

Los actuadores y los sensores, son circuitos integrados que están conformados para captar magnitudes físicas que son transformadas en señales eléctricas, que convenientemente "gestionadas" por la circuitería del microCPU, ponen en servicio motorizaciones (salidas a relé) para los consumos como electrodomésticos, sistemas de riego, accionamiento de persianas, activación o no de luminarias, fan-coils, etc.

Seguridad técnica

Las fugas de agua y gas constituyen uno de los principales problemas de seguridad que debe enfrentar el usuario de una vivienda.

Para actuar frente a este tipo de problemas se utilizan los actuadores denominados detectores y controles, accionados por electroválvulas domóticas, o sea que obedecen a órdenes emanadas del microprocesador. El microprocesador o micro CPU, junto con los sensores de entrada y salida y memoria correspondiente, están integrados en un componente que se denomina microcontrolador (véase Fig. I-1).

UNIDAD CENTRAL DE CONTROL PROGRAMABLE

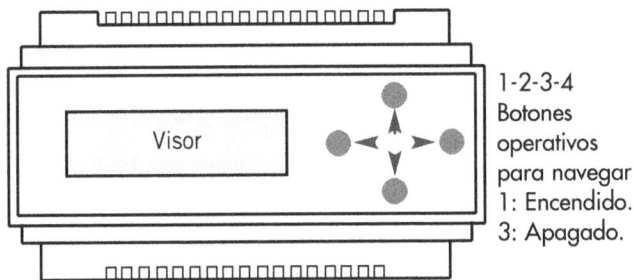

Las salidas (output) y las entradas (input) o I/O se nominan numéricamente a partir del número 0 y se les antepone delante la letra I (las entradas y la letra O (a las salidas). En iguales Input = Entrada Output = salida o I/O.

Visor

1-2-3-4
Botones
operativos
para navegar
1: Encendido.
3: Apagado.

El microcontrolador o Unidad Central de Control (Vcc) contiene el microprocesador, la memoria, los módulos de E/S y la fuente de alimentación (220 Vcc/12 Vcc o 24 Vcc).

Figura I-1.

AUTOMATISMOS PARA CONTROL DE CONSUMOS ELÉCTRICOS (CARGAS)

En forma genérica son denominados también "actuadores", que ponen en servicio aparatos de funcionamiento eléctrico que pueden ser controlados o gestionados a conveniencia ya sea desde el propio automatismo o desde una pantalla táctil con botoneras digitales (interfaces), que al ser presionadas por el usuario cierran o abren circuitos lógicos contenidos en el microprocesador del microcontrolador.

Así se pueden apagar y encender luminarias de la vivienda, controlar la calefacción o el aire acondicionado refrigerado, subir y bajar persianas, toldos motorizados, conectar o desconectar sistemas de riego, etc.

Ahorro de energía

Se pueden programar los horarios e intensidades de consumo para iluminación y de todos los elementos de consumo eléctrico; también se puede regular en forma automática la iluminación de acuerdo con la luz natural existente o la climatización por medio de cronotermostatos, para permitir por ejemplo que en una sala de reuniones la temperatura se mantenga constante en función de la cantidad de personas presentes; es decir se regula la intensidad de frío o calor para la temperatura programada como ideal.

La iluminación también puede sectorizarse de acuerdo con la necesidad ambiental reclamada por el trabajo de oficina o el confort residencial.

Lo mismo puede obtenerse para la iluminación de vidrieras y locales comerciales en cuanto a intensidad lumínica y duración horaria de la misma, utilizando la energía eléctrica necesaria pero sin derrocharla.

SENSORES

Normalmente son circuitos integrados, que conforman los módulos de entrada y que internamente poseen un circuito que se basa en la operación, entre otros, de un fotodiodo, que a su vez es sensible, por ejemplo, a los efectos de la temperatura que está censando o midiendo. Estos **"sensores"**, por dar conceptualmente este solo ejemplo, entregan valores de voltaje que se corresponden con el valor de temperatura (en el caso de un sensor de temperatura), con la cantidad de calor que están midiendo, es decir transforman una magnitud física como la temperatura en una magnitud eléctrica como el dato o señal que ingresa al módulo de entrada.

En el caso de un sensor óptico, un haz de rayos infrarrojos es captado por un fotodiodo o fototransistor que entrega una señal que también a través del módulo de entrada de la UCC es captada para su proceso.

Los sensores representan "los ojos" del sistema domótico. La parte que gestiona el proceso en la UCC a 12 Vcc conforme a la pequeña tensión que entrega un sensor (por ejemplo 1,5 Voltios) es suficiente para energizar un contacto. NC, haciendo trabajar ahora, un circuito en 12 Vcc que a su vez energiza a otro contacto o transistor de conmutación integrado en "la salida a relé" para que esta salida a relé se comporte como un contactor en una instalación eléctrica tradicional y active o energice esa "salida a relé" cuya bobina de trabajo fue alimentada a 12 Vcc,para una motorización determinada.

Las salidas a relé son interfaces ("contactores")entre la tensión a 12 Vcc que entrega la UCC al transistor de conmutación (bobina de trabajo) de la salida a relé, para que esta salida a relé energice el actuador (por ejemplo un calefactor, un refrigerador, un sistema de riego, etc.) que trabaja a 220 Vca.

La salida a relé actúa como un contactor, donde su bobina de trabajo es alimentada a 12 Vcc y al energizarse actúa sobre la mencionada salida a relé a 220 Vca,para poner en servicio una motorización, un centro de iluminación, etc.

Los sensores entonces se pueden definir como dispositivos electrónicos que convierten una variable física (temperatura, luz, presencia, etc.)en un valor eléctrico de valor binario de muy poco voltaje (de 0 a no más de 5Voltios)por la conversión de luz, o temperatura, o rayos infrarrojos, en voltaje eléctrico. Ese pequeño valor binario (0 o 1) de tensión, es suficiente para que cuando ingrese a la UCC cierre un transistor de conmutación (relé virtual)para energizar un circuito de 12 Vcc y continuar el proceso hasta la salida a relé para motorizar a 220 Vca.

Un pulsador, llamado contacto seco (porque no tiene tensión), al ser cerrado por un usuario alimenta un circuito en la UCC a través por ejemplo de un contacto NC, que permitirá la alimentación de la circuitería del microprocesdador en 12 Vcc alimentando transistores de conmutación similares a las bobinas de trabajo de los contactores que ya conoce el instalador electricista. Pero todo acontece con una circuitería de microelectrónica incorporada en el microprocesador o micro CPU si hacemos una comparación de la CPU con una PC.

Hechas estas aclaraciones elementales de concepto, podemos decir que los "**sensores**" instalados en los módulos de entrada a una UCC pueden ser:

- **Activadores manuales** (pulsadores, teclas, botones de módulos),también llamados "contactos secos" (porque no tienen tensión), pero que al pasar de NA a NC, cierran"algún circuito" en el microprocesador que tiene un contacto NC por construcción del fabricante, para energizar la circuitería del micro CPU con 12 Vcc.
- **Sensores digitales (o analógicos)** que tiene incorporado un circuito integrado.

Debemos admitir, para el caso de oprimir un botón o tecla, que pulsando un "contacto seco" (tecla, botón) se cierra también en la UCC un circuito por el "dato"originado por el dedo humano, que sensibiliza a un transistor de conmutación que de NA pasa a NC y hace entrar en servicio a la circuitería alimentada en 12 Vcc y de la misma forma que los sensores que tienen incorporado un circuito integrado.

ACTUADORES

Los actuadores son elementos de potencia que actúan, en la mayoría de las aplicaciones a 220 Vcc, energizando motores (refrigeración, calefacción, persianas, sistemas de riego, etc) o sistemas de iluminación y otros.

Hay distintos tipos de actuadores, pero en domótica se tratan los electromagnéticos o eléctricos. Los hay hidráulicos y neumáticos, pero no los trataremos.

Como ya hemos explicado, los actuadores electromagnéticos o "salidas a relé" trabajan como los contactores en las instalaciones eléctricas convencionales. Su bobina de trabajo es alimentada a 12 Vcc que le proporciona la UCC y al cerrarse el relé (bobina de trabajo) con 12 Vcc, se cierra la alimentación de red en 220 Vca poniendo la motorización en servicio operativo (sistema de riego, subir/bajar persianas, etc.)

La salida a relé es otro ejemplo de interface entre la UCC y el sistema de motorización en 220 Vca.

Va de suyo que las salidas a relé tiene distintos valores de carga (2A, etc), conforme al sistema de domótica empleado, para el servicio de cargas (motorizaciones).

La domótica es el uso integrado y simultáneo de la electricidad; la electrónica y la informática aplicadas a la gestión técnica de las viviendas y residencias para usuarios de alto poder adquisitivo.

Estos conceptos, pero aplicados a instalaciones denominadas "terciarias" (edificios administrativos, shoppings, hoteles, empresas, etc.), constituyen la Inmótica.

La electricidad interviene para planificar su consumo y gestión en cuanto a calidad y cantidad consumida, principalmente en calefacción e iluminación (ahorro de energía).

La electrónica y la informática se aúnan para diseñar el confort operativo y la seguridad técnica y personal para los usuarios. La seguridad técnica implica la detección de incendios, humos, monóxido de carbono, pérdidas de agua, etc. El confort se refiere a la calidad y cantidad de servicios en cuanto a duración e intensidad conforme a las necesidades de cada usuario (escenarios de iluminación, temporización de calefacción, horarios de riego, acciones meteorológicas tales como las que se derivan del sol, las lluvias y el viento, etc.).

Existen tres redes principales en el hogar digital conectadas a las redes públicas de telecomunicaciones (telefonía, Internet, etc.), a saber:

- red de datos,
- red de entretenimiento (multimedia),
- red de domótica.

La red de datos está suministrada por la PC o modems (routiers), interconectados a diversas modalidades (USB, Wi-Fi, ondas portadoras, entre otras).

Red multimedia: (np3-np4, TV con plasma/LCD, integrables con la red a través de USB, Wi-Fi, ondas portadoras tipo X-10, etc.)

Red domótica: red que conecta los dispositivos comunes de una vivienda de buen estándar (iluminación, persianas, climatización, riego, seguridad personal y técnica (fugas, humo, etc.) y permite una programación para optimizar el confort, la seguridad y el ahorro de energía.

La domótica es integradora de los controles que se iban instalando en el mercado (relés inteligentes, células fotoeléctricas, CTV), que no están diseñados para conectarse entre sí y cuya programación es limitada.

La red domótica permite la interconectividad de la aparatología doméstica de uso común en residencias de alto valor adquisitivo (sensores, actuadores, controladores) mediante un software, protocolo, procedimiento o programa de control diseñado por cada fabricante para la transmisión de señales datos de control como cable (bus), ondas portadoras (por ejemplo sistema X-10), sistemas inalámbricos como ondas de radiofrecuencia (IR), etc.

El funcionamiento electrónico de un sistema domótico se semeja al de un pequeño autómata (unidad de control) que acciona una salida (módulo de salida) cuando se activa o energiza una entrada (módulo de entrada).

Vemos un ejemplo simple.

En domótica un pulsador (contacto seco, denominado así porque no tiene tensión eléctrica) está conectado a un módulo de entrada (12 Vcc) y una lámpara a un módulo de salida (220 Vca). A su vez los módulos E/S están conectados al módulo de control. El módulo de control (UCC) tiene un programa introducido por el fabricante con su respectiva memoria, que establece que cada vez que se acciona la entrada (pulsador), un contacto pasa de NA a NCA. Esta acción procesa el programa interior de la unidad de control y la circuitería alimentada en 12 Vcc manda una orden al módulo de salida para que la lámpara alimentada en 220 Vca se encienda (actuador).

Las figuras I-2 y I-3 nos muestran cómo trabaja un microcontrolador. En las figuras citadas, se visualiza que la acción de pulsar una tecla pasando el contacto de NA a NC es causa de que a través de un contacto NC dentro de la unidad de control, la circuitería del microprocesador comience a energizarse a 12 Vcc.

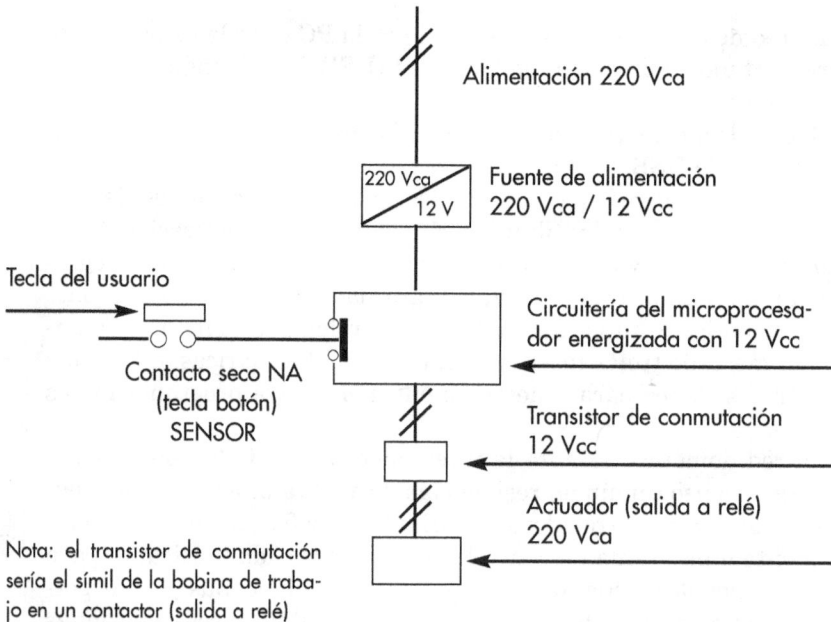

Figura I-2. Secuencia esquemática y operativa de la señal digital (sensor) para la pulsación de una tecla (contacto NA) y su efecto electrónico sobre el actuador (salida a relé) en 220 Vca.

El pulsador que pasa de NA a NC transmite una señal que entra a la Vcc. Todo pulsador al activarse cierra en la Vcc un circuito en 12 Vcc destinado a energizar un actuador en 220 V, con un trabajo similar al trabajo de un contactor en un circuito eléctrico.

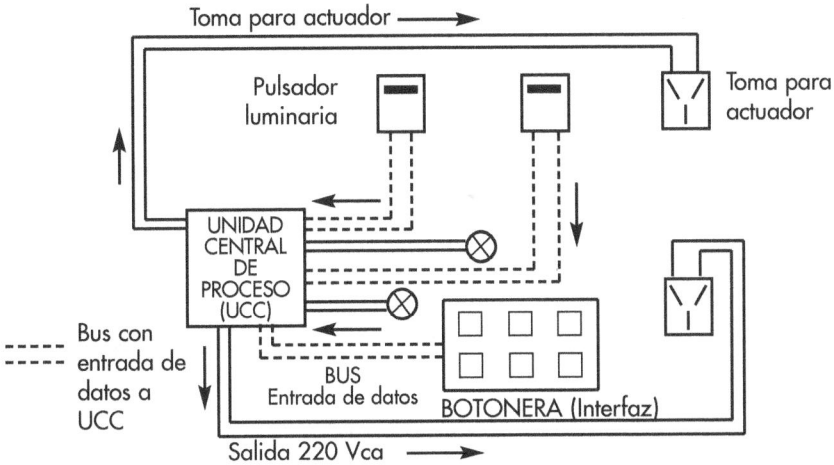

Figura I-3.

En la Fig. I-4, el mismo trabajo hace un sensor en el módulo de entrada (por ejemplo un termostato que cierra un sensor de temperatura, cierra a su vez un circuito en el módulo de control cuya circuitería, siguiendo un programa, energiza con 12 Vcc alguna salida. Esta salida de 12 Vcc, energizando la bobina de trabajo de una "salida a relé", hace el mismo trabajo que realiza un contactor en una instalación eléctrica, energizando la entrada del contactor en 220 Vca. Claro está que los componentes de la microelectrónica (transistores de conmutación) tienen una simplicidad al menos en tamaño y efectividad en rapidez de acción, diferente a la de los contactores de una instalación eléctrica convencional.

En la Figura I-4 (A) representaría el contacto accionado en la UCC por la señal eléctrica correspondiente a la magnitud física que produce el circuito integrado del sensor en el módulo de entrada. En la Figura I-4 (B) se representaría la circuitería dentro del microprocesador para energizar en 12 Vcc al transistor de conmutación, que electricista debe imaginar trabajando como lo hace la bobina de trabajo de un contactor (salida a relé) en el módulo de salida del microcontrolador.

La Figura I-5 es un esquema de cómo entra la magnitud física al sensor y su salida como magnitud eléctrica. Existe un acondicionamiento de la señal para "purificarla" con la ayuda del circuito integrado que construye el sensor en el módulo de entrada.

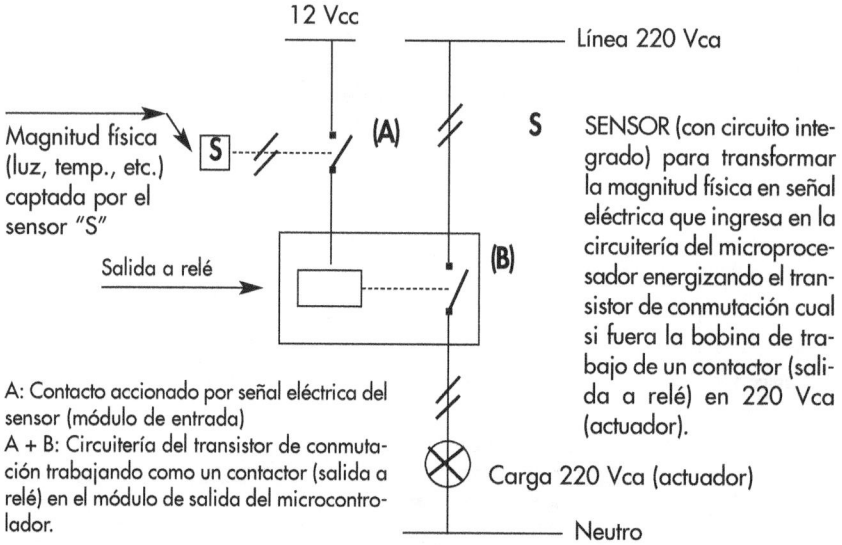

Figura I-4.

A: Contacto accionado por señal eléctrica del sensor (módulo de entrada)
A + B: Circuitería del transistor de conmutación trabajando como un contactor (salida a relé) en el módulo de salida del microcontrolador.

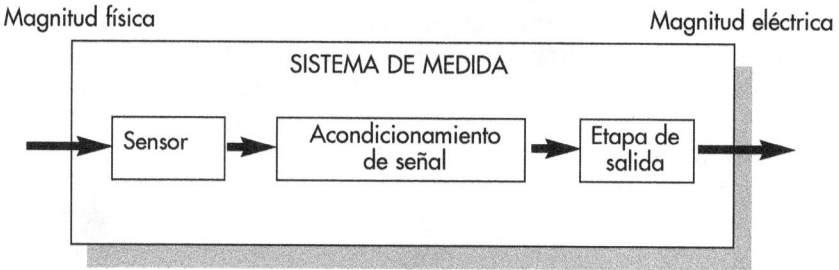

Figura I-5.

La Figura I-6 representa esquemáticamente cómo está conformado un microcontrolador digital, que es el módulo programable más difundido y que ya se mostró en Figura I-1.

Continuando con la idea que veníamos desarrollando, puede determinarse que una o varias entradas (pulsador, sensor, termostato, etc.) controlen una o varias salidas (luces, motorizaciones, tomacorrientes, etc.). También se puede controlar a través de temporizaciones las mismas salidas o condiciones y jerarquizar varias entradas para controlar varias salidas, como por ejemplo que un sensor de presencia y el pulsador que mencionáramos gobiernen el encendido y apagado gobernando el pulsador sobre el sensor.

Esto que a simple vista parece complejo, permite un mundo de posibilidades: pulsando una tecla durante un segundo, por ejemplo, se pueden apagar todas las luces de la casa, abrir la puerta del garaje, desconectar tomacorrientes, incluso desde el módulo de control; incluso puedo hacer que la lámpara que había encendido se apague en forma temporizada al cabo de 12 horas.

Es de destacar la función integradora de acciones de la domótica con relación a los superados relés inteligentes y otros "kits", que tienen la limitación de realizar tareas específicas y nada más que esas tareas (por ejemplo gestionar sólo riego, o sólo subir y bajar persianas, detectar presencias por infrarrojos, etc,) pero sin la posibilidad de integrarse entre sí como lo hace la domótica.

CONTROLADOR DIGITAL

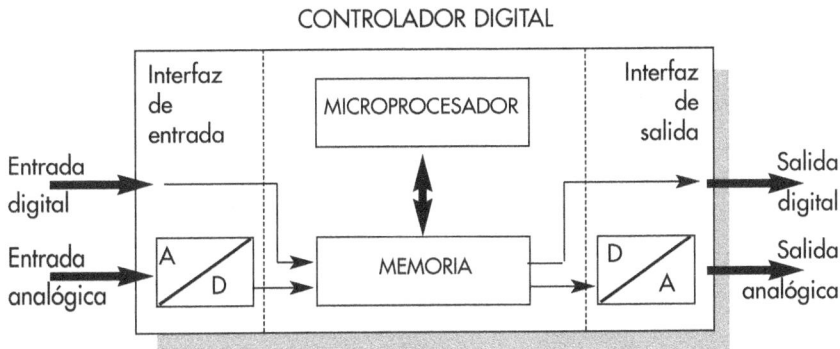

Figura I-6.

INTERFAZ

Es un componente electrónico conformado por circuito integrado (transistores, diodos, etc.), que también recibe el nombre de "tarjeta" o "chip", que permite realizar la conexión física y operativa entre dos aparatos o sistemas independientes. Es uno de los componentes del microcontrolador, como se indica en la Figura I-6.

Otros ejemplos: en una PC una interfaz es la pantalla o monitor porque permite la comunicación entre el usuario y el programa de Windows; en un teléfono, es el teclado.

En electrónica la interfaz también se denomina "puerto", porque llega y sale información o datos (por analogía con los puertos marítimos, donde llega y sale mercadería).

La interfaz de usuario es la forma en que los usuarios pueden comunicarse con una computadora y comprende todos los elementos de contacto o comunicación entre el hombre y el equipo o sistema (mouse, impresora, teclado, pantalla, etc.).

Otro ejemplo es GUI (Graphical Usar Interface), un tipo de interfaz de usuario que utiliza un conjunto de imágenes y objetos gráficos compatibles (amigables), para representar la información y acciones disponibles en la interfaz (por ejemplo el visor de un microcontrolador de un sistema de domótica).

El software o programa permite la información entre un usuario y la aplicación conforme a indicaciones que proveen el manual del fabricante. El programa está formado por un conjunto de comandos y métodos que permiten la intercomunicación a través de interfaces.

El monitor o pantalla, el teclado y el mouse constituyen la interfaz provista por el hardware.

Las interfaces, como se ha visto, pueden ser de software o de hardware. La interfaz de hardware es un circuito integrado impreso como tarjeta o chip (por ejemplo los módulos de entrada/salida) que permiten la conexión hombre-máquina de modo de tomar o captar datos e ingresarlos por ejemplo en una PC o en un microcontrolador (véase la figura I-6).

La interfaz de software está conformada por programas que permiten expresar los deseos del usuario frente a una pantalla táctil o una PC.

PUERTO

En microelectrónica, puerto es una interfaz (circuito integrado) por la cual se envían o reciben señales o datos desde un sistema hacia otro. Por ejemplo la interfaz USB (Universal Serial Bus), es un cable.

Se considera una interfaz al dispositivo o formación electrónica en base a circuitos integrados que permite la comunicación entre el hombre y la máquina, o sea entre dos sistemas (el hombre y la máquina) que no hablen el mismo "idioma". En domótica un ejemplo podría ser la comunicación entre un sensor y un microprocesador de una unidad de control.

En las unidades de control de domótica, la interfaz gráfica implica la presencia de un visor o pantalla de LCD dotada de una serie de iconos que representan las opciones del usuario en el sistema que está empleando para un fin determinado (climatización, iluminación, etc.).

BUS

En la Figura I-7 vemos la topología del bus de comunicaciones. Es el cable que interconecta y transporta los datos entre los distintos elementos que componen el sistema inteligente (microcontrolador). El sistema de bus o "red de datos" es el más empleado para el trabajo en una vivienda o edificio. En la figura I-5 se muestra instalado, dentro de la misma cañería domiciliaria, el servicio de bus y la red de 220 Vca domiciliaria.

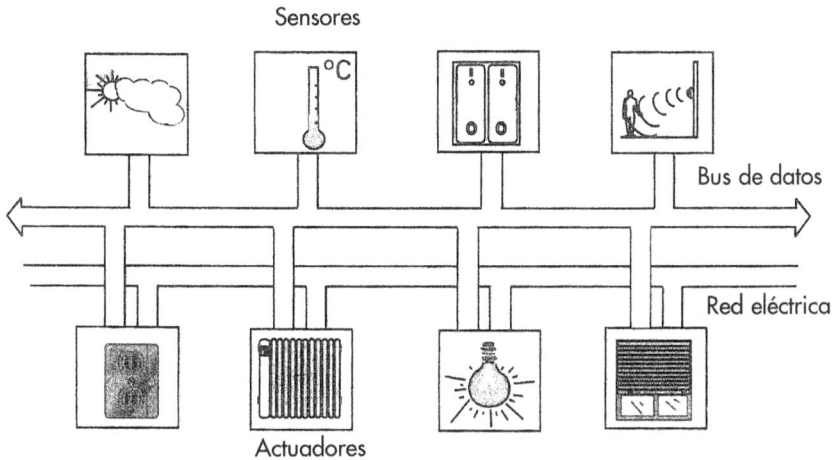

Figura I-7. Estructura del sistema EIB.
(EIB: European Installation Bus)

El apantallamiento de este cable hace la operación segura con protección contra interferencias externas (campos eléctricos, magnéticos, armónicas, etc.).

Es el medio de transmisión que transporta la información (señales, datos) entre los distintos dispositivos (nodos domóticos) mediante un cable propio de determinadas características técnicas. Son cables bipolares, de tipo apantallado, par trenzado (1 a 4 pares según el fabricante). Normalmente el apantallamiento es de aluminio y va conectado a masa para evitar las corrientes parásitas como armónicas, influencia de campos magnéticos de motores y sistemas de alumbrado exterior, etc.

Existen cableados con un cable bipolar (por ejemplo 2x0,8 mm^2) destinado a datos y otro par (por ejemplo 2,1 mm^2) destinado a la conducción eléctrica en 12 VC, siendo los 12 Vcc suministrados por una fuente de alimentación, para evitar o energizar con tensión los circuitos de la unidad central de control, los transistores y demás componentes de los circuitos integrados (circuitería), relés de salida, etc.

Existen también sistemas de domótica inalámbrica, que utilizan ondas portadoras, ondas de radiofrecuencia o infrarrojas, Wi-Fi (Fig. I-8) y Zig-Bee (Fig. I-9), que comentaremos más adelante.

DATOS POR RF INALÁMBRICOS WI-FI

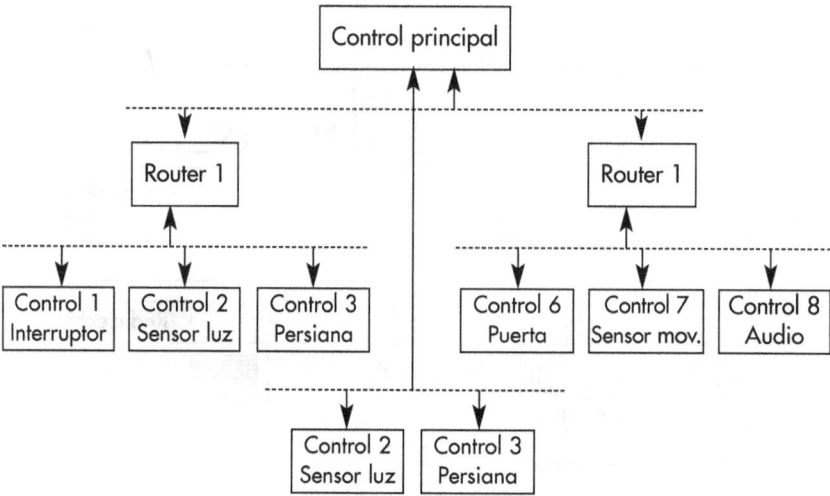

Figura I-8.

DATOS POR RF INALÁMBRICOS ZIG-BEE

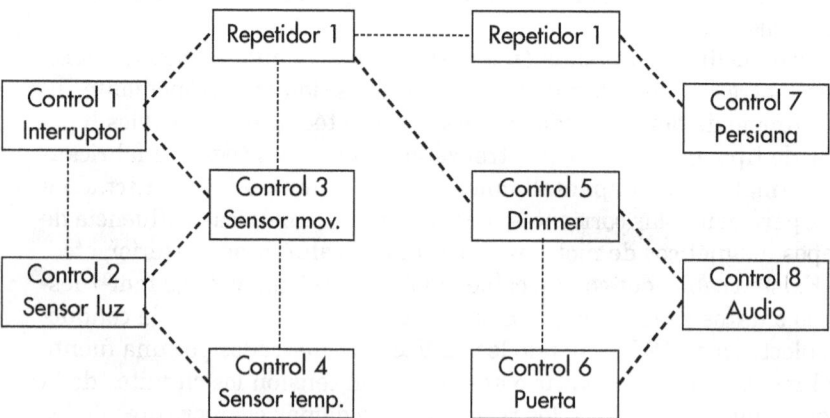

Figura I-9.

PROTOCOLOS DE DOMÓTICA

Los protocolos o procedimientos de comunicación (programas o software) son los recursos que ofrecen los fabricantes para la utilización de los sistemas de domótica por medio de botones y pantallas o visores.
Los más difundidos son los siguientes:

Datos por cable exclusivo:

– centralizado (Fig. I-10).
– descentralizado (Fig. I-11)

Datos por radiofrecuencia inalámbricos:

– Wi-Fi (Fig. I-8),
– Zig-Bee (Fig. I-9).

Datos por tensión de red domiciliaria (Fig. 1-12).
Protocolo de transmisión de onda portadora X-10 (Figs. I-12 y I-13).

DATOS POR CABLEADO EXCLUSIVO.
SISTEMAS CENTRALIZADOS

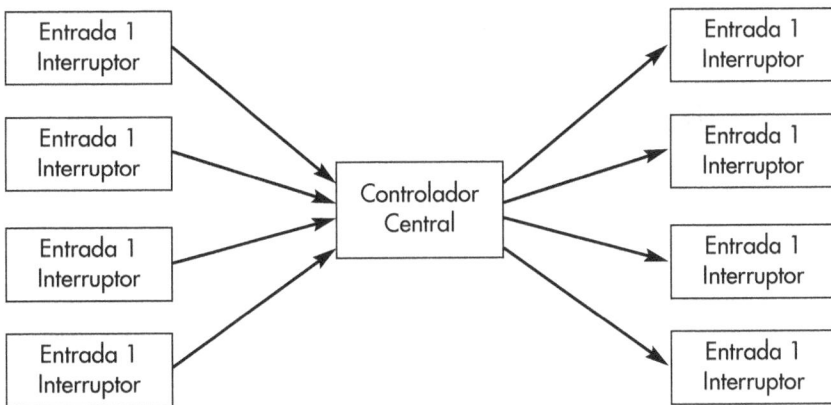

Figura I-10.

DATOS POR CABLEADO EXCLUSIVO. SISTEMAS DESCENTRALIZADOS

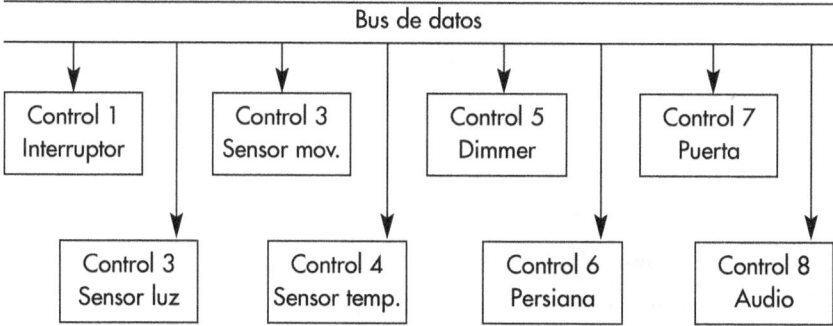

Bus de datos

Control 1 Interruptor	Control 3 Sensor mov.	Control 5 Dimmer	Control 7 Puerta

Control 3 Sensor luz	Control 4 Sensor temp.	Control 6 Persiana	Control 8 Audio

Figura I-11.

Datos por tensión de red. Protocolo de transmisión X10

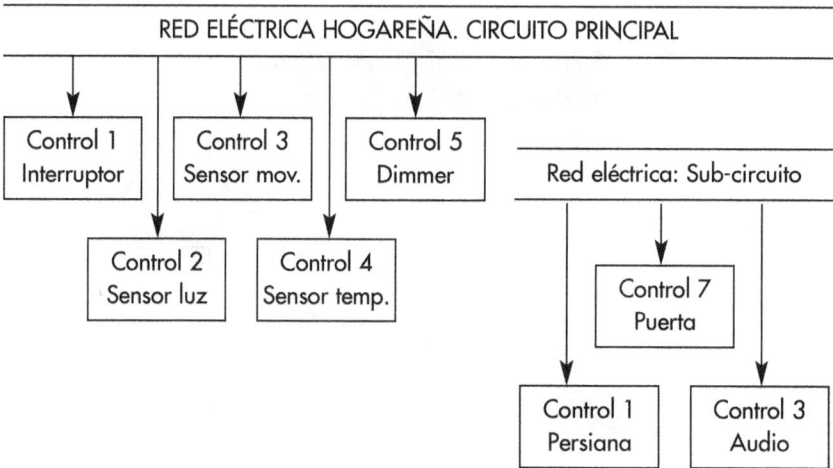

RED ELÉCTRICA HOGAREÑA. CIRCUITO PRINCIPAL

Control 1 Interruptor	Control 3 Sensor mov.	Control 5 Dimmer

Red eléctrica: Sub-circuito

Control 2 Sensor luz	Control 4 Sensor temp.

Control 7 Puerta

Control 1 Persiana	Control 3 Audio

Figura I-12.

SISTEMAS DE CORRIENTES PORTADORAS

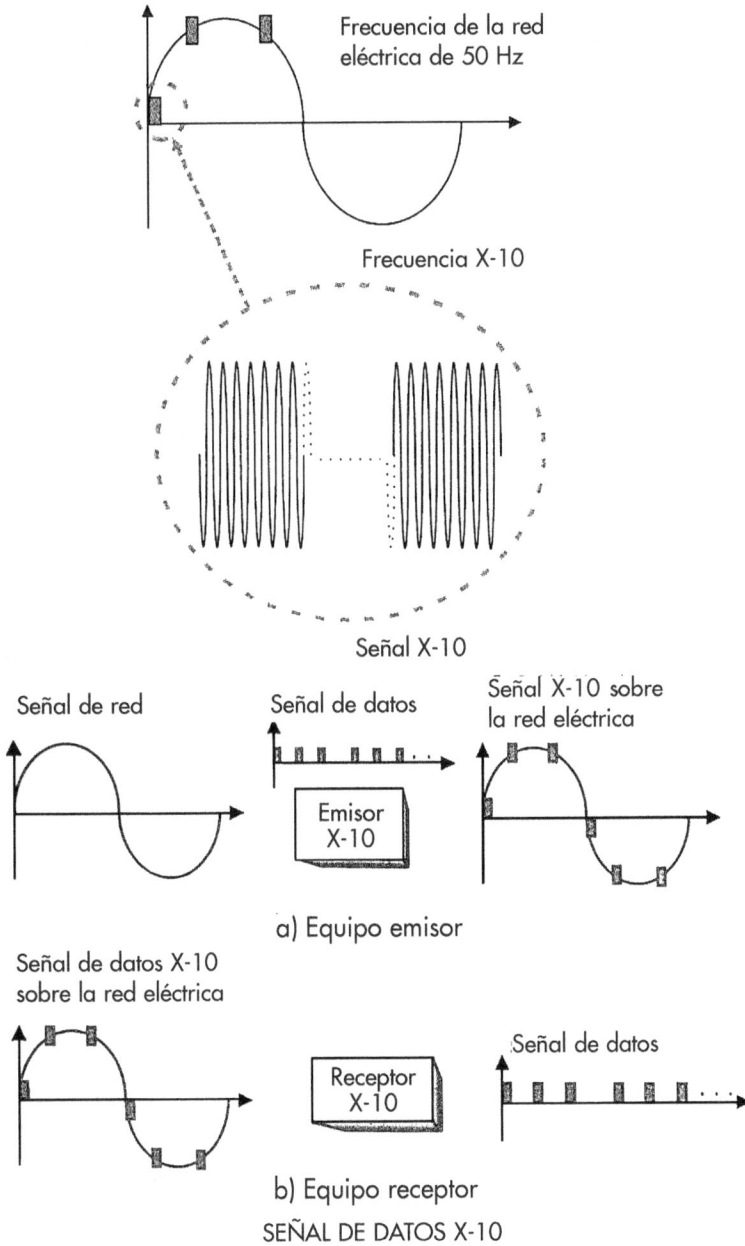

Frecuencia de la red
eléctrica de 50 Hz

Frecuencia X-10

Señal X-10

Señal de red

Señal de datos

Señal X-10 sobre
la red eléctrica

Emisor
X-10

a) Equipo emisor

Señal de datos X-10
sobre la red eléctrica

Receptor
X-10

Señal de datos

b) Equipo receptor

SEÑAL DE DATOS X-10

Figura I-13.

34

La Figura I-14 nos da una idea de los distintos tipos de sistemas existentes en domótica.

La arquitectura distribuida es la más simple y generalizada. Al bus se conectan los actuadores y los sensores. La salida del bus empieza en la unidad central de control.

Los distintos tipos de sistema existentes

- Datos por cableado exclusivo
  - Centralizad
  - Descentralizado

- Datos por radio frecuencia inalámbricos
  - Wi-Fi
  - Zig-Bee

- Dats por tensión de red
  - Protocolo de transmisión X-10

Figura I-14.

Como el cable destinado a datos es bifilar, cada sensor y actuador es también un controlador capaz de actuar y enviar informción al sistema según el programa de configuración, según la información que capta por sí mismo y la que recibe de otros dispositivos del sistema, en una mecánica de "ida y vuelta", conforme se indica en los esquemas que dan los fabricantes, indicándolos con doble flecha.

Los sensores y actuadores están conformados por circuitos integrados, que responden a las señales enviadas por botones o teclas (interfaz de usuario). Recordar que toda tecla o botón que se pulsa cierra un circuito para que navegue la señal energizando la circuitería del microprocesador para alimentar la salida (por ejemplo la salida a relé, que es la más difundida).

ARQUITECTURA CENTRALIZADA

Ya citamos este sistema, que se puede apreciar en la Figura I-10.

Un controlador (Fig. I-6) centralizado envía la información (datos) a los actuadotes e interfaces según el programa ofrecido por el fabricante. El controlador es la unidad central de control, o sea el "cerebro" que gestiona los datos que recibe de los sensores, los procesa y los envía hacia los actuadotes. Los sensores actúan como los sentidos en el cuerpo humano. La vista, la audición, el tacto, el gusto, el olfato, son sensores

que envían, a través del sistema nervioso (cables), datos al cerebro humano y éste hace accionar los actuadores a través del sistema nervioso,
cerrando el ojo ante un cuerpo extraño, retirando la mano de un objeto
caliente, tapando la oreja ante un ruido insoportable, etc.

LA TECNOLOGÍA DE LAS CORRIENTES PORTADORAS

Ampliaremos los conceptos sobre la tecnología que se muestra en
las figuras I-12 y I-13.

La técnica de la corriente portadora (comercialmente se la indica
como X-10) es un protocolo de bajo costo que utiliza la red domiciliaria en 220 Vca. La técnica consiste en la inyección de una frecuencia
determinada en el punto cero de la onda sinusoidal (Fig. I-13). Esa frecuencia que se inyecta es portadora de un dato para accionar un
actuador determinado y sólo ese actuador, que es sensible a un lenguaje binario (los números se representan utilizando solamente las cifras"
0" y "1"), que recibe el nombre de telegrama (generalmente 8 o 16 bits).

El sistema domótico X-10 dispone de numerosos controladores vía
RF (radiofrecuencia) o IR (infrarrojos), que permiten enviar datos a
todo tipo de módulos X-10, siempre a través de un receptor de RF
(actuador) que capte la señal o dato inalámbrico y la introduzca en la
red eléctrica domiciliaria.

LA TECNOLOGÍA WI-FI

Lo indicado en la Figura I-8 es una tecnología inalámbrica digital
binaria que transmite datos a través del aire con la velocidad suficiente para aplicaciones domóticas. Cada aplicación en domótica tiene necesidad de diferentes anchos de banda.

Las aplicaciones de domótica para el hogar no necesitan de alta
velocidad, ni manejar protocolos o procedimientos que no sean simples
y de bajo consumo energético.

El Wi-FI se originó como una solución que permitió interconectar
computadoras (PC) sin necesidad de cables. En general esta tecnología se utiliza para acceso a Internet en circuitos cerrados como oficinas, locales comerciales, etc. Para conectarse a la web sin cables es
necesario que las terminales (laptops y celulares de última generación)
cuenten con un dispositivo (interfaz) cuya antena (circuito) sintonice
alguna señal de esas características. Si el equipo no tiene Wi Fi incorporado, existen accesorios (interfaces) para incorporar esa funcionalidad.

Sin embargo cuando muchos usuarios utilizan la conexión al mismo tiempo la navegación resulta lenta.

Un *hotspot* es un punto de acceso inalámbrico a Internet. En la Argentina hay alrededor de mil hotspots (interfaces). Estos usos son producto de hallazgos de premios Nobel de Física y de otros trabajos de investigación en laboratorios de empresas de telecomunicaciones como NEC e IBM, entre otros.

LA TECNOLOGÍA ZIG-BEE

Es el resultado de una alianza entre fabricantes muy importantes del mundo en el sector electrónico y electrotécnico (Taiwán, EE,UU., Europa, etc.).

Es una tecnología de transmisión inalámbrica por radiofrecuencia (RF), con rangos de alcance entre 10 y 75 metros en domótica, mediante módulos denominados Zig-Bee, activados con rayos infrarrojos (IR), mediante un control remoto. Debido al bajo consumo del sistema Zig-Bee la duración de dos pilas AA en el control remoto se puede extender desde 6 meses hasta dos años.

Las velocidades están comprendidas entre 20 kbps y 250 kpbs (kilobits por segundo).

El sistema Zig-Bee incluye operativamente un circuito integrado de RF con un microprocesador de muy bajo consumo y poco voltaje de 8 bits, conectado a una aplicación de sensor o actuador, donde el programa está incorporado en un diminuto microprocesador (micro CPU).

Los nodos domóticos (actuadotes, sensores, etc.) están fabricados con circuitos integrados (chips, tarjetas), aptos para gestionar en forma integral la operación de motorizaciones, iluminación dimerizada, etc.

Un sencillo control remoto que emite RF es el que gestiona todos los componentes domóticos de una vivienda.

Sistema de conexión Zig-Bee

La información se coloca en forma de malla, haciendo una red de conexión multipunto, desde una interfaz de usuario (panel de control) sensible al tacto.

Desde esta pantalla de LCD se hace el control amigable de sistemas de iluminación, persianas, climatización, etc., conforme a un programa incorporado por cada fabricante, con sus respectivas instrucciones.

La Figura I-15 nos ilustra el concepto de inmótica.

EDIFICIOS INTELIGENTES, LOS QUE "PIENSAN" POR NOSOTROS

Los edificios inteligentes ofrecen un mayor confort a sus habitantes mediante sistemas automáticos. Estos utilizan sensores con microprocesadores que son distribuidos en lugares determinados para detectar y controlar distintos sucesos. Permiten, también, el ahorro de hasta un 45 por ciento en la operación, mantenimiento y seguridad.

La temperatura interior
Tanto la **calefacción** como el **aire acondicionado** se controlan automáticamente creando un constante y agradable clima de trabajo

En caso de incendio
Los sensores colocados en el techo de cada piso detectan el calor y el fuego

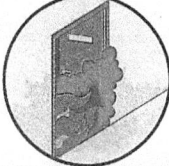

Manejo lumínico
☐ Según sea el grado de luminosidad externa, los sensores gradúan en forma automática el sistema de persianas

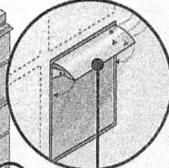

La información obtenida por éstos pasa al Centro de Control, el cual desactiva automáticamente los sistemas de electricidad y activa los sistemas de emergencia:
☐ **Sistema hidrante**

Persiana externa en forma de ala, que va montada sobre un eje que regula el grado de inclinación, según la posición solar, provocando mayor o menor área de sombra sobre la ventana

☐ **Presurización** de las escaleras para que no entre el humo

☐ A medida que la luz exterior vaya disminuyendo, se irán encendiendo las **luces** en el interior

☐ **Los ascensores** se van a la planta baja y se cierran sin gente dentro

☐ Sensores que captan el movimiento lo indican al Centro de Control que apague las luces en aquellos sectores donde no hay gente

Control de acceso
☐ El sistema inteligente gestiona el **ingreso** de personas en las distintas áreas para restringir el paso a zonas de acceso exclusivo

☐ Se activan **altoparlantes** que mediante órdenes grabadas indican a los ocupantes la manera de evacuar el edificio

También, cuando el personal marca su entrada con una tarjeta especial, se prepara el acondicionamiento lumínico, térmico e informático de su puesto de trabajo

El Centro de Control
Una PC centraliza toda la red inteligente. De esta forma, se pueden programar las distintas aplicaciones que realizan automáticamente todos los cambios necesarios

Figura I-15. Muestreo de inmótica

CAPÍTULO II

APLICACIONES PRÁCTICAS

SENSORES Y ACTUADORES

Ya hemos explicado en el Capítulo I que el sensor es un dispositivo que convierte una magnitud física en una señal eléctrica de bajo nivel. Por ser las señales de bajo nivel (no más de 5 Voltios) deben ser acondicionadas para que activen en tiempo y forma los denominados actuadores. (Ver Fig. I-5. Sistema de Medida).

Mediante **sensores** se puede accionar entonces los denominados **actuadores** y tales como alarmas técnicas (pérdidas de gas, agua, humos, incendios, ascensores, etc.) y alarmas de seguridad (movimiento de personas, intrusiones, etc.).

Los sensores son interfases fabricadas, con un circuito integrado y un elemento detector o captor para diferentes magnitudes físicas (iluminación, temperatura, presión, humedad, etc.).

La señal en el circuito integrado activa o desactiva transistores de conmutación que trabajan como interruptores obedeciendo a un sistema binario de señales digitales "todo-nada", "ON-OFF" (NA o NC).

El sensor es un dispositivo que recibe también el nombre de detector o captador y tiene la capacidad de encender una luz, activar una alarma, un sistema de riego, etc., debido a la captación de una señal que ingresa al microprocesador en forma de señal eléctrica.

En el caso de controlar iluminación, puede estar encendido cuando la persona llega y apagarse cuando se retira, también identifica el día y la hora en forma automática gracias a un circuito integrado que se activa o desactiva a través de señales digitales.

INTERFASE

La interfase es un dispositivo electrónico, fabricado también como un circuito integrado. El tratamiento de señales analógicas y digitales es un tema crítico en el proceso industrial o de domótica ya sea para medición de temperatura, tensión, corriente, frecuencia, posicionamiento o cualquier otra magnitud física. Se debe considerar la utilización de una interfaz adecuada (por ejemplo un transductor en el caso de señales analógicas) que nos permita realizar la tarea de una manera confiable a través de un componente que hemos denominado interfaz.

CIRCUITOS INTEGRADOS

Un circuito integrado es una pastilla o chip muy delgado en el que se encuentran insertados componentes electrónicos, principalmente diodos y transistores y también componentes pasivos como resistencias o capacitores. Su área puede ser de 1 cm^2 o incluso inferior.

Algunos de los circuitos integrados más avanzados son los microprocesadores (m CPU) que en el caso de la domótica gestionan las entradas digitales que ingresan los sensores y procesan esas señales con destino a los actuadores. Forman parte de lo que hemos denominado *microcontroladores* (ver Figura del Controlador Digital).

Los transistores de conmutación, entonces, actúan como interruptores, que se activan o desactivan obedeciendo a señales binarias o digitales binarias (ON-OFF) al igual que lo hacen los relés, cuando actúan como NA o NC según ya lo conocen los instaladores electricistas. Podemos decir que el transistor de conmutación es un relé virtual, que trabaja como un "contactor".

El desarrollo de los circuitos integrados fue posible gracias a descubrimientos experimentales que demostraron que los semiconductores a base de silicio (transistores, tiristores, diodos) pueden realizar las funciones que realizaban los antiguos tubos o válvulas de vacío. Esto fue la consecuencia de trabajos de investigación en el campo de la Física que dio lugar a premios Nobel.

Un tiristor se puede considerar como formado por dos transistores complementarios: un transistor PNP y un transistor NPN.

El tiristor más importante es el tiristor de tres terminales conocido también como el rectificador controlado de silicio SCR. Es un rectificador controlado o diodo.

La producción masiva de circuitos integrados, su confiabilidad y la facilidad que presentan para agregarles complejidad, impulsaron la estandarización de los microprocesadores de aplicación en los PLC y como módulos de control en domótica. Los bajos costos y la simplificación en tecnología binaria se han desarrollado en forma vertiginosa (Taiwán, EEUU; Europa),invirtiendo cifras millonarias en investigación y desarrollo, para una fabricación masiva y de bajo costo.

En general la fabricación de circuitos integrados es compleja, ya que tienen una alta integración de componentes en un espacio muy reducido, de forma que en algunos casos llegan a ser microscópicos, donde se utiliza el rayo láser y la fotoimpresión. Su aplicación ha permitido grandes simplificaciones operativas de funcionalidad y de espacio con respecto a los antiguos circuitos con válvulas y además con bajo costo de mano de obra por la rapidez industrial de su montaje.

En cuanto a las funciones integradas, los circuitos se clasifican en dos grandes grupos:

Circuitos integrados analógicos: pueden constar desde simples transistores encapsulados juntos, sin unión entre ellos, hasta dispositivos completos como transductores, osciladores, etc.

Circuitos integrados digitales: basan su funcionamiento en señales digitales binarias que se activan o desactivan abriendo o cerrando, al igual que los relés con contactos NA o NC (ON-OFF), donde "0" lógico es OFF y "1" lógico es ON, conforme se explicó precedentemente en cuanto al trabajo de los tiristores en los circuitos integrados que constituyen los microprocesadores (m CPU), denominados en domótica "Módulos de Control".

SEÑALES DIGITALES Y ANALÓGICAS

La Fig. II-1 nos ilustra sobre las señales digitales y las analógicas.

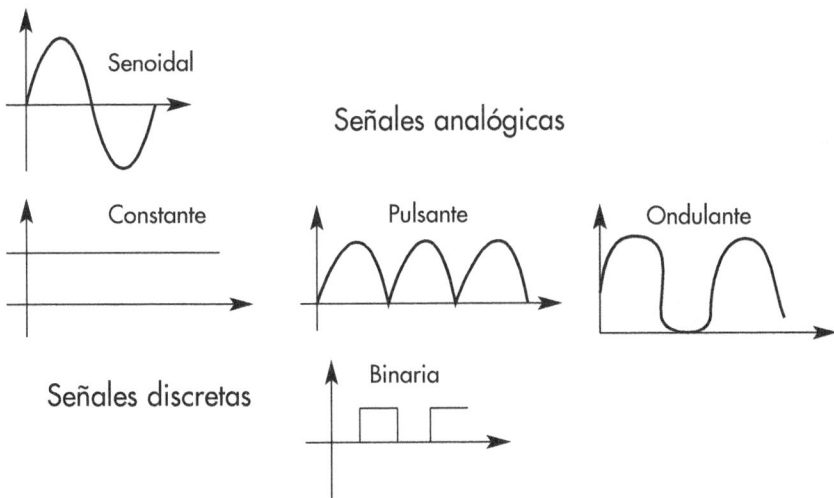

Figura II-1. Tipos de señales

Sistemas lógicos digitales

Los sistemas lógicos digitales basan su funcionamiento en dos estados únicamente nivel alto ("1" lógico) y nivel bajo ("0" lógico),aunque la lógica de trabajo puede ser de dos clases que podrían definirse como complementarias:

a) Positiva: funciona a nivel alto.
b) Negativa: Funciona a nivel bajo.

Los niveles alto y bajo de señales dependerán de las técnicas de construcción con que se fabriquen los circuitos integrados que albergan los componentes lógicos digitales.

Características de los circuitos lógicos digitales

Los circuitos lógicos digitales están compuestos por la integración de una tarjeta o plaqueta (chip) de muchas resistencias y transistores que por lo general trabajan en corte y saturación. Los más difundidos en domótica son los TTL (Transistor-Transistor-Logic).

Los transistores trabajan como verdaderos interruptores (ON-OFF) electrónicos, con mucha similitud a como los hacen los contactores que conoce el instalador electricista. Al recibir estímulos de entrada proveniente de los sensores (temperatura, luz, etc.)realizan las correspondientes conmutaciones dentro de la unidad de control, de manera similar a la que lo hacen los contactores en las instalaciones eléctricas convencionales proporcionando la energización (o no) de la circuitería en 12 Vcc para las salidas a relé, que a su vez energizan en 220 Vca a los actuadores (motores, iluminación etc.) con cargas de salidas que pueden variar normalmente entre 2A y 10A. Recordemos que en los contactores las bobinas de trabajo se alimentan también, entre otras tensiones, a 12 Vcc.

El sensor transforma la señal física (temperatura, humedad, luz, etc.), en señal eléctrica de un nivel lógico "0" Voltios o "1" (5 Voltios), pues el sensor está conformado también por un circuito integrado diseñado para tal fin.

El concepto es que las señales o datos que emiten los sensores al llegar a la circuitería correspondiente del microprocesador contenido en la unidad de control y a través del módulo de entrada, provocan el cierre de un contacto que la circuitería del microprocesador se alimente en 12 Vcc para un fin determinado, o sea planificado o diseñado para un actuador determinado.

La tensión de la señal que envía el sensor, p.e. de 5 Voltios, actúa sobre un contacto en el microprocesador, alimentando o no una bobina de trabajo de un "contactor electrónico" denominado transistor de conmutación, que energizado a 12 Vcc termina accionando un contactor (salida a relé) para un actuador determinado.

Para el caso de un pulsador manual (contacto seco porque está sin tensión), al pulsarlo puede también cerrar un circuito en el microprocesador que está NC, para iniciar la alimentación en 12 Vcc en la circuitería del microprocesador.

Las entradas y salidas "0" y "1" se diseñan o programan por parte de los programadores o fabricantes para formar los software que gestionan el funcionamiento de los microprocesadores a través de lo que se denomina "lenguaje de máquina". Se diseñan así los bytes, palabras, telegramas que son instrucciones del programa diseñado para fines determinados por parte de los fabricantes (Taiwán, EE.UU., Alemania), con abaratamiento de costos, reducción de tamaño y mantenimiento con relación a los circuitos de la tecnología cableada y superada de relés y contactores en las instalaciones eléctricas convencionales (la superada tecnología cableada a base de relés y contactores de mucho mantenimiento y costo operativo).

El tratamiento de la información o datos en electrónica se puede realizar de dos maneras: mediante técnicas analógicas o mediante técnicas digitales.

El tratamiento analógico requiere un análisis detallado de las señales (que normalmente aunque no en forma exclusiva son de carácter sinusoidal como las ondas de tensión e intensidad en 50 ciclos de 220 Vca),pasando por infinidad de valores. Por el contrario, la técnica digital o concepto digital de las señales, los limita a valores o niveles "0" y "1".

La electrónica digital analiza estudiar los criterios capaces de procesar estos niveles de forma que permitan la construcción o fabricación de circuitos integrados formados por resistencias y transistores, ofreciendo el mercado dispositivos electrónicos que sustituyan o complementen a los analógicos, que por razones de costos van cayendo en desuso. El ejemplo típico para el instalador electricista son los testers que en su mayoría ya son digitales, habiendo caído en desuso los analógicos.

CONCEPTO DE ELECTRÓNICA DIGITAL

El instalador electricista, en general, está familiarizado con los circuitos eléctricos (220/380 Vca),pero no con la Electrónica que se ocupa del estudio de pequeñas corrientes o intensidades a través de datos o señales generadas por sensores que transforman, como ya hemos dicho, magnitudes físicas (temperatura, luz, etc.), en magnitudes eléctricas, pues el sensor está formado por un circuito integrado (interfaz) diseñado para estos fines.

La divulgación comercial de los semiconductores (diodos, transistores, etc.) llevaron al desarrollo de los circuitos integrados formados por placas, tarjetas o chips y con ello la construcción masiva (Taiwán, EE.UU., etc.) de microcontroladores (que llevan incluido el microprocesador o micro CPU, la memoria de un programa y módulos de E/S). Los módulos de E/S se denominan también "periféricos".

Se fabrican así circuitos integrados con la ayuda de la lógica digital o binaria que se conforma con la agrupación de transistores que obedecen a "0" y"1" lógicos incorporados en un software que es **"entendido"** por los transistores de los circuitos integrados a través de lo que se conoce como **"lenguaje de máquina"**, por medio de interfaces que a su vez también son circuitos integrados para hacer posible la comunicación entre la unidad de control y los módulos de E/S.

El abaratamiento de costos, la simplificación de materiales (diodos, transistores, resistencias, etc.) hizo posible una fabricación cada vez más masiva de circuitos integrados con agrupamientos de elementos que responden a los "0" y"1" lógicos diseñados por los fabricantes.

El desarrollo de esta técnica tuvo su origen en el álgebra de George Boole (1815-1864) que estudió un sistema de numeración con base 2 (o sea binario), precisamente para combinar los números "0" y "1" con una lógica como la que se aplica con el sistema decimal (o sea de base 10), para los números 0,1,2,3,4,5,6,7,8,9. La línea de razonamiento sería como sigue:

1=1, 10 = 2+0, 11 = 2+1, 100 = 2^2+0+0 = 4+0+0,101 = 2^2+0+1 =4 +0+1,110=2^2 +2+0=4+2+0,111= 2^2 +2+1=4+2+1,1000=2^3 +0+0+0,1001 = 2^3 +0+0+1 = 8+0+0+1

La teoría de todo este proceso, incluida en el Álgebra de Boole, contiene postulados o premisas para operaciones de conmutación en base a los números "1" y "0", donde un interruptor NA es un "0" lógico y un interruptor NC es un "1" lógico.

Dos interruptores en serie NC equivalen también a "1" lógico. Dos interruptores en serie NC equivalen a un solo interruptor NC porque 1x1 = 1.

Las combinaciones de dos interruptores en paralelo NA, equivale en el Álgebra de Boole a un interruptor NA, porque 0+0=0.

La combinación de un interruptor NC con otro interruptor NA y ambos en paralelo, equivale a un interruptor NC porque 1+0=1 y también podemos decir que 0+1=1.

abc	F	
0	000	0
1	001	1
2	010	1
3	011	0
4	100	1
5	101	1
6	110	1
7	111	1

En la columna de la izquierda se numeran las combinaciones posibles de "0" y "1" que es igual a 2 elevado al número de variables, en nuestro caso $2^3=8$.

"F" indica la función de conmutación de resultado "0" o "1".

a,b,c indican las combinaciones para "0" y "1" lógicos

En el Álgebra de Boole dos operaciones algebraicas en donde intervienen los signos suma (+) y multiplicación (.) son diseñados, según Boole, si se cumplen los siguientes postulados:

1) Las operaciones (+) y (.) son conmutativas.

2)Se aceptan en el Álgebra de Boole dos elementos distintos representados por los símbolos "0" y "1", a saber:

a + 0 = 0 + a = a

a.1=1.a=a, siendo "a" todo elemento que pertenece al Álgebra de Boole

El símbolo "0" es el elemento identidad para la operación (+) y el símbolo "1" es el elemento identidad para la operación (.)

3) Cada operación es distributiva para la otra, o sea:

a + b.c) = (a + b). (a +b)

a. (b+c) = (a.b) + (a.c)

4) Para cada elemento Boole, por ejemplo "a", existe un número "a¢" perteneciente a Boole y tal que:

a + a¢ = 1

a . a¢ = 0

Como el instalador electricista entenderá, no es la finalidad de este libro extendernos acerca del álgebra de Boole, pero sí dar un concepto sobre la relación entre los números binarios que conforman un software y la interpretación que deben **"obedecer"** los circuitos integrados sobre estas combinaciones en el software para que sean interpretadas por la máquina (hardware), o sea por el microprocesador de la unidad de control o microcontrolador, a través de lo que se conoce como "lenguaje de máquina".

Ejemplo:

Sea el conjunto Boole B= (0,1) y las dos operaciones + y . definidas

0 + 0 = 0	0.0 = 0
0 + 1 = 1	0.1 = 0
1 + 0 = 1	1.1 = 1H

Un interruptor abierto equivale a "0" lógico. Un interruptor cerrado equivale a "1" lógico.

La combinación de dos interruptores abiertos conectados en serie equivale a un interruptor abierto, es decir que para el Álgebra de Boole: 0.0 = 0.

La combinación de un interruptor abierto en serie con uno cerrado, equivale en Álgebra de Boole a un interruptor abierto, lo que se expresa como 0.1 =0.

La combinación de dos interruptores en serie cerrados equivale en el Álgebra de Boole a un solo interruptor cerrado, lo que se expresa como 1.1 = 1.

La combinación de dos interruptores abiertos y conectados en paralelo, equivale en Boole a un solo interruptor abierto. En Boole se expresa como 0+0=0.

La combinación de dos interruptores en paralelo, de los cuales uno está abierto y el otro cerrado, se expresa en Boole como un interruptor cerrado, o sea: 1 + 0 = 0 y por la misma razón 0 + 1 = 1.

La combinación de dos interruptores en paralelo y ambos cerrados, se expresa en Boole como 1 + 1 = 1, o sea como un solo interruptor cerrado.

En la Fig II-1 se pueden visualizar algunos tipos de señales analógicas como la senoidal, con una secuencia de infinitos valores.

También se puede apreciar la naturaleza de la señal digital, directa o binaria por estar conformada por dos valores o números binarios que representan "todo o nada", "ON-OFF", "abierto-cerrado", etc. es decir sólo dos estados.

Las señales o pulsos de información son procesadas por los circuitos integrados que conforman el microprocesador (m CPU). Los componentes del circuito integrado del microprocesador están diseñados para "comprender" las señales digitales.

En general la tecnología digital ha ido desplazando a la tecnología analógica por razones de costos y producción masificada para la fabricación de hardware.

DIODO

Es el interruptor electrónico más simple que interviene en los circuitos integrados.

Como ya dijimos el transistor sirve como dispositivo de conmutación (swchit) o cambio (ON-OFF) en circuitos de estado sólido en corriente continua (por ejemplo 12 Vcc).

El transistor como conmutador, interruptor o switch, es rápido, silencioso, sin partes móviles, sin contactos electromagnéticos como los relés y que puede controlarse electrónicamente. Son relés en estado sólido. Los transistores se fabrican con materiales semiconductores. Los del tipo "P" de silicio con mezcla de galio, indio y los semiconductores de tipo"N" con silicio mezclado con fósforo, arsénico o antimonio.

RELÉ BIESTABLE

La mayoría de los sistemas automatizados son *secuenciales*. El relé biestable tiene simultáneamente dos posiciones: NA y NC (normalmente abierto y normalmente cerrado), al revés del relé convencional monoestable que es o NA o NC.

Las dos posiciones del relé biestable son independientes de la excitación de la bobina. Esta particularidad le da al relé biestable un estado de "memoria", pues al tener dos bobinados de "Set" y "reset" está memorizando uno de los dos estados (on) u (off), aun con los bobinados desenergizados.

Esta particularidad constructiva de tener "memoria", los hace útiles para control secuencial en los circuitos integrados empleados en los automatismos o controles automáticos empleados en domótica.

Hasta aquí hemos reseñado algunos conceptos para que el instalador electricista que desee iniciarse en el estudio de la domótica tenga alguna idea de cómo son las explicaciones que se dan en los cursos que dictan las empresas especializadas o se exponen en eventos o exposiciones sobre productos de domótica y su aplicación.

CAPÍTULO III

INTERPRETACIÓN DE LOS ESQUEMAS DE DOMÓTICA

FUNCIONES DE UN CONTROL AUTOMÁTICO

Las figuras III-1 y III-2 nos dan una idea de cómo trabaja un control automático, basado en señales digitales. El módulo que controla (Control) se programa para que active o desactive los actuadores en los momentos adecuados y en función de las señales digitales que ordenan los sensores o detectores del llenado de botellas en la Fig. III-1 y el proceso de nivel de líquido en el depósito que se ilustra en la Fig. III-2.

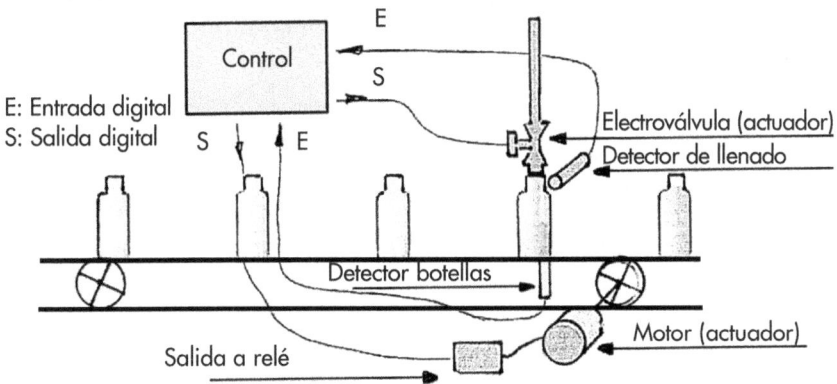

El módulo que controla se programa para que active y desactive los actuadores en los momentos adecuados en función de las señales digitales que ordenen los sensores o detectores del llenado de botellas.

Figura III-1.

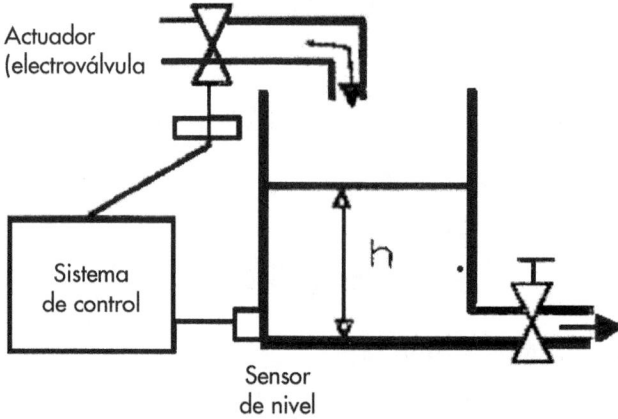

El proceso de nivel de líquido en un depósito es otro ejemplo del sistema automatizado ordenado por el sensor de nivel.

Figura III-2.

En el caso de la domótica, todo control automático o microcontrolador (UCC) se basa en el concepto de un programa o software del denominado a "lazo cerrado", porque realiza tareas en forma cíclica durante todo el proceso, que consiste:

1. Detección o captación del valor de las señales (datos) que envían los sensores al módulo de entrada.

2. Gestión o procesamiento del valor recibido en comparación con el valor deseado.

3. Respuesta del actuador si el dato es el correspondiente para su funcionamiento.

Recordemos que los sensores captan magnitudes físicas (humedad, temperatura, movimiento, luz, etc.) y transforman esa magnitud física, a través de un circuito integrado, en pequeña magnitud eléctrica (del orden de 2 a 5 Voltios), que es enviada al módulo de entrada para su procesamiento por el microprocesador.

COMPONENTES DEL CONTROL AUTOMÁTICO

Las figuras III-3 y III-4 ilustran sobre la disposición de los elementos componentes del control automático.

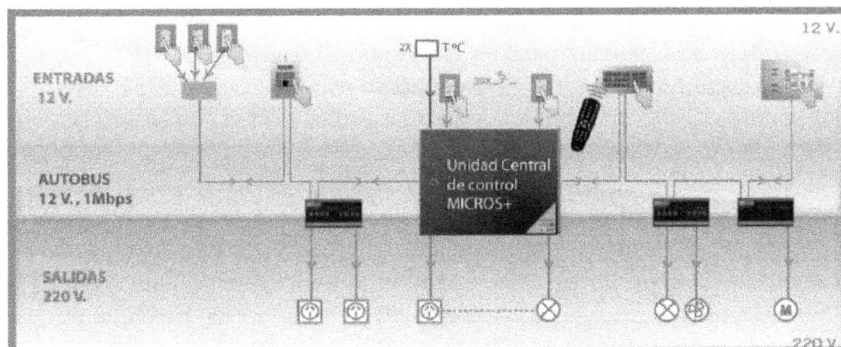

Los pulsadores (contactos secos, o sea sin tensión) están para entrar en servicio al sensor seleccionado (temperatura, iluminación, etc.) par la entrada digital a la Vcc haciendo un circuito lógico.

Figura III-3. El sistema Telestak para domótica.
Gentileza de SICA.

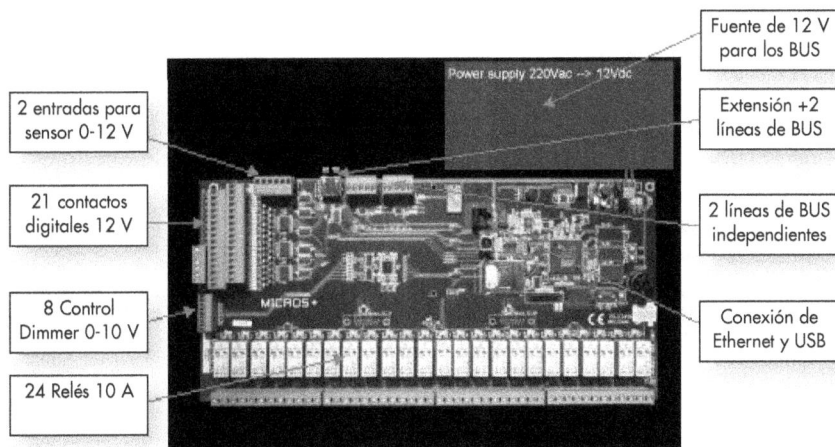

Figura III-4.
Gentileza de SICA.

Sensores: Como hemos dicho los sensores están conformados por circuitos integrados ubicados en los módulos de entrada. También se denominan captadores, porque "reconocen" magnitudes físicas provenientes de un proceso y entorno externo, transformando como hemos dicho la magnitud física en señal o dato eléctrico de tensión débil que ingresa al módulo de entrada para ser procesada por el microcontrolador del microprocesador.

Los sensores suelen clasificarse en función de la magnitud física que midan (temperaturas, presión, humedad, iluminación, etc.), que serían señales analógicas y también detectan estados "ON" y "OFF" que serían señales digitales o binarias denominadas "1" y "0", que son las más difundidas en domótica.

Señales o entradas externas: Pueden proceder de un ser humano al accionar pulsadores (contactos secos), pulsadores de arranque o alteración del control de proceso, paradas de emergencia, cambio de velocidad, cambio de números de piezas, etc. (esto para los PLC que no se estudian en este libro); también pueden medirse magnitudes de determinadas condiciones externas como humedad, temperatura, luz solar valores que sí se estudian o sirven para los microprocesadores de domótica.

Es usual que la señal eléctrica producida por el sensor no esté en forma utilizable por el microprocesador y necesita "reacondicionarse" a una forma utilizable, amplificándola si es débil, filtrándola para cambiar su frecuencia, cambiándola de digital a analógica o viceversa, etc.

ACTUADORES

Los actuadores convierten, como venimos explicando, las señales eléctricas de salida de los módulos de entrada en acciones físicas como accionar persianas, electroválvulas, electrobombas, a través de una salida a relé que no es más que un sistema de contactor, como el conocido por los instaladores electricistas en instalaciones convencionales.

CONTROLADOR

En domótica los controladores reciben el nombre de *microcontroladores*, porque en su fabricación interviene la microelectrónica, pequeños componentes como transistores, diodos, etc.

El microcontrolador es el cerebro o autómata que procesa las señales que ingresan a él a través de los módulos de entrada.

Recibe las señales o datos procedentes de los sensores y las gestiona e interpreta para decidir a través del software que lleva incorporado a qué salida a relé o salida tiene que activar y sólo a esa.

TIPOS DE SEÑALES DE LOS SITEMAS DE CONTROL

Ya hemos explicado que existen señales analógicas y señales digitales.

Las analógicas son aquellas que pueden adquirir un número ilimitado de valores, dentro de un rango máximo y mínimo, siendo la sinusoide la representación más típica de la señal analógica. Estas señales van variando a lo largo de un período de tiempo de forma repetitiva con una frecuencia determinada. Son las generadas por sensores de presión, temperatura, peso, flujo de caudal, etc.

Las señales digitales sólo pueden adquirir uno o dos valores, "0" y "1", porque se basan en el sistema binario de numeración, que tiene precisamente como base el número 2, a diferencia por ejemplo del sistema decimal que tiene como base el número10. Una tecla que pulsaun interruptor NA/NC dará este valor binario "0" o "1", dependiendo de su estado (hay tensión o no hay tensión). Estos "0" y "1" pueden agruparse, tarea que hace un programador, formando grupos de 8 o 16 bits que son interpretados por el autómata a través de lo que se denomina "lenguaje de máquina".

TIPOS DE SISTEMAS DE CONTROL

Sistema de lazo abierto

Es aquel en el que la cantidad de señal de salida o tiene influencia sobre la entrada. El proceso se realiza al establecer las condiciones necesarias para obtener un fin o resultado determinado. Si el resultado no es el deseado, por haber condiciones externas al sistema que han podido ser variadas, no hay posibilidad de poderlos cambiar durante el proceso, ya que no existe realimentación.

Ejemplo: el trabajo de un lavarropas automático, mientras la ama de casa está en otras tareas.

Coloca la ropa en el lavarropas, fija el tiempo y la temperatura de lavado y retira la ropa cuando se acuerda. Las entradas al sistema de control son el tiempo y la temperatura fijados, el microcontrolador estaría formado por el temporizador y el termostato que determina cuando es preciso conectar o desconectar el lavarropas y por último los dispositivos de actuación serían los interruptores que controlan el suministro de electricidad en el lavarropas. Al no existir realimentación no se podría controlar el proceso de lavado; en este caso el lavado podría ser en exceso o en defecto.

Sistema de lazo cerrado

Es aquel en el que la cantidad o señal de salida tiene influencia sobre la entrada, es decir que si existe una diferencia entre la salida real y la deseada, el autómata realiza los ajustes necesarios para la aproximación los más exacta posible, ya que aquí si existe realimentación. Un buen ejemplo de sistema de control a lazo cerrado es un sistema de radar para el seguimiento de vuelo de un avión. La antena del radar detecta la posición y velocidad del avión y el controlador, tomando esta información, determina la posición correcta para el aterrizaje.

ESTRUCTURA Y FUNCIONAMIENTO DEL AUTÓMATA O CONTROLADOR

En general un autómata programable (PLC, microcontrolador) es un dispositivo electrónico destinado a controlar las acciones u operaciones de cualquier proceso de producción. Tiene absoluta capacidad de adaptación y con un simple retoque del programa cualquier producto o sistema de producción puede sustituirse por otro y adaptarse a las necesidades del usuario en cada momento.

Estructura externa

Pueden encontrarse autómatas en dos configuraciones diferentes: compacta y modular.

Configuración compacta: Todos sus elementos (CPU, fuente de alimentación, memorias, módulos de E/S se integran en su solo cuerpo o bloque. El caso de los pequeños PLC o las unidades de xontrol en domótica, son el mejor ejemplo ilustrativo.

Configuración modular: Sus elementos se configuran en diferentes módulos o partes. Este tipo de configuración tiene dos formas de estructura:

- Estructura americana: separa los módulos de E/S del resto del autómata, dejando en un bloque compacto la CPU, las memorias y la fuente de alimentación.
- Estructura europea: Separa todos los módulos, uno para cada función. La unión de todos ellos se realiza mediante RACK.

Estructura interna

La estructura interna (Fig. III-4) está conformada por una circuitería fabricada con componentes miniaturizados y con disposición impresa por medio de láser y otros procedimientos que no entraremos a analizar, que recibe el nombre de circuito integrado. Los circuitos integrados para estos fines se denominan tarjetas o chips.

La CPU que conocemos para las PC, en los autómatas está miniaturizada al tamaño de 1 cm^2 o menos, por lo que recibe el nombre de microprocesador o micro CPU. La micro CPU o UCC (unidad central de proceso) gestiona las señales que ingresan por los módulos de entrada, cerrando un contacto y energizando la circuitería en 12 Vcc para la alimentación de las salidas a relé, por ejemplo. Las tarjetas de E/S son también circuitos integrados que se denominan interfaces porque establecen comunicación entre los integrantes del sistema autómata.

El micro CPU o Unidad Central de Proceso la forma el procesador miniaturizado y la memoria (tipo ROM, etc.). Es el elemento que interpreta las instrucciones del programa. En especial para el caso de los PLC, de su potencia depende el grado de complejidad de los automatismos que pueden ser resueltos y la facilidad con que se efectúa la programación.

Trabajos de la CPU

- Recepción y procesamiento de las señales de los módulos de E/S.
- Interpretación de las instrucciones del programa de usuario.
- Vigilancia y diagnóstico del funcionamiento del equipo.
- Comunicación con las distintas partes de la UCC mediante el bus servidores de datos.
- Comunicación con periféricos.

FUNCIONAMIENTO

El procesador lee e interpreta las instrucciones del programa grabado en la memoria y deduce de él las operaciones lógicas a realizar, tales como OR, AND, etc.

De acuerdo con el programa contenido en la memoria por el fabricante y en el momento adecuado para el usuario, el procesador elabora y transmite las órdenes de salida hacia los actuadores.

CICLO DE LA CPU

- Lee el direccionamiento de cada uno de sus módulos periféricos.
- Lee el programa.

- Activa o desactiva salidas de acuerdo al programa.
- Actualiza las salidas e inicia el ciclo del programa conforme los desea el usuario.

Ciclo simple de la CPU

Toma datos del módulo de entrada, gestiona el tratamiento de las señales eléctricas que toma de los módulos de entrada en instrucciones de programación y controla el estado de las salidas y vuelve a empezar.

MEMORIAS

Es un dispositivo fabricado con circuitos integrados con la capacidad operativa para almacenar información binaria ("0" y "1"). Está diseñada para interpretar "palabras" formadas por bits (8,16,32).

Memoria de Sistema PAD: Es una ROM no accesible al usuario, en donde se almacenan los programas ejecutivos o firmware.

Memoria de datos (Tabla de E/S-Relés internos): Es una RAM donde se almacena información sobre el estado de los módulos de E/S.

Memoria del usuario (Registro de Datos-Instrucciones del Programa de Control): Puede ser RAM, EPROM o EEPROM.

TIPOS DE MEMORIAS

Memoria RAM: Es de lectura y escritura. Se puede leer o escribir en ella, pero pierde su contenido cuando falta la energía eléctrica.

Memoria ROM (Memoria sólo de lectura): Se puede acceder a su contenido pero no escribir en ella. Su contenido se mantiene cuando le falta energía eléctrica.

Memoria EPROM: Memoria ROM borrable a través de rayos UV y programable eléctricamente.

Memoria EEPROM: Es una ROM borrable y programable eléctricamente.

MÓDULOS DE ENTRADAS Y SALIDAS (E/S)

La información que toman los sensores, o sea la que recibe el proceso, toma el nombre de *entrada* y las acciones de control y gestión sobre el proceso que se realiza en el micro CPU toman el nombre de *salidas*.

En general el sistema E/S de un autómata tiene dos funciones principales:

1. Adaptar la tensión de trabajo de los dispositivos de proceso a la de los elementos electrónicos del autómata y viceversa. Los elementos electrónicos son circuitos integrados que se alimentan a 12 Vcc aunque no en forma excluyente, pero con tensiones no mayores de 24 Vcc.

2. Proporcionan una adecuada separación eléctrica (galvánica) entre los circuitos lógicos (datos) y de potencia (12VC). Recordar que el bus tiene 4 hilos 2 para potencia y 2 para datos aislados o apantallados galvánicamente contra interferencias, armónicas, campos eléctricos y magnéticos, etc.

TIPOS DE MÓDULOS E/S

Entradas-salidas discretas

También llamadas de "todo o nada", "ON-OFF", etc. están destinadas a la captación de señales de magnitud física (datos) o dispositivos con dos estados que corresponderán a la ausencia o presencia de tensión eléctrica.

Los módulos de entrada como los de salida están disponibles en el mercado con diferentes configuraciones en cuanto al número de circuitos integrados (8,16,32 bits), en cuanto a la tensión de entrada (12 Vcc, 24 Vcc las mas empleadas) y en cuanto al tipo de salida (a relé, a triac, a transistor)

Entradas-salidas analógicas

Están destinadas a la conversión de una magnitud analógica en una digital.

En los módulos de entrada se disponen los sensores también llamados captadores.

Sensores o contactos secos (libres de tensión).

En este tipo de sensores manuales están los pulsadores.

Sensores de contención:

– detector de proximidad,
– célula fotoeléctrica.

Salidas

Son los elementos donde se conectan los actuadores y pueden ser:

- a relé (contactores, electroválvulas),
- a triac,
- a transistor.

Las salidas convierten las señales eléctricas (12 Vcc) de salida del sistema en acciones físicas (trabajo mecánico) a través de electrobombas, electroválvulas, motorizaciones varias, tomacorrientes, etc.

El lector debe aceptar que los circuitos integrados que componen el microprocesador de la UCC están energizados con la tensión proveniente de una fuente de alimentación incorporada generalmente al microprocesador. Esa tensión normalmente es de 12 Vcc aunque no es un valor excluyente, pero nunca supera los 24 Vcc.

Un sensor o pulsador (contacto seco) es un dato (señal) que es captado por el módulo de entradas, donde un contacto NC permitirá energizar la circuitería del microprocesador con la tensión de 12 Vcc para activar transistores de conmutación en los relés de salida, los cuales se comportan como contactores al energizarse sus bobinas de trabajo con 12 Vcc.

Los módulos de E/S son tarjetas o chips formados también por circuitos integrados que están energizados en 12 Vcc.

En el sistema Teletask, el autobús dispone de un 5º cable, que juntamente con la masa (Ground) conforman un circuito para rayos infrarrojos que son señales para servicio de equipos de audio y video (A/V), videoporteros eléctricos, etc., como extensión de prestación al usuario.

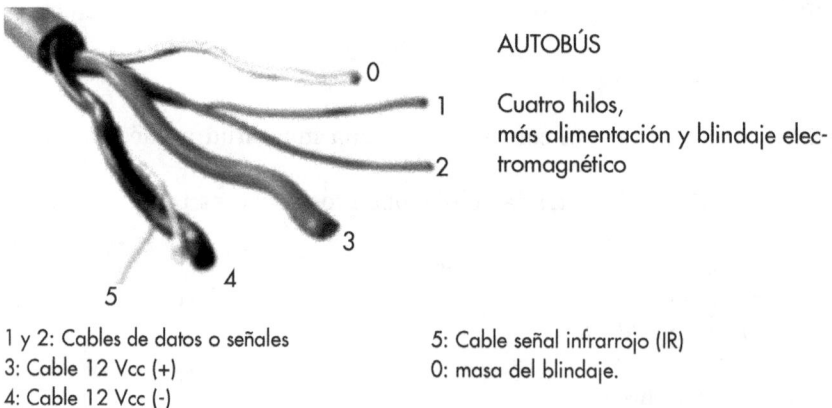

AUTOBÚS

Cuatro hilos,
más alimentación y blindaje electromagnético

1 y 2: Cables de datos o señales
3: Cable 12 Vcc (+)
4: Cable 12 Vcc (-)

5: Cable señal infrarrojo (IR)
0: masa del blindaje.

Figura III-5.

CAPÍTULO IV

COMPONENTES DE LOS SISTEMAS DOMÓTICOS

CONCEPTO DE SALIDA A RELÉ

Normalmente, la salida de bus es un cable bipolar entre 0,75 y 1,5 mm². Entra al módulo de salida a relé y energiza la bobina de trabajo de un contactor a 12 Vcc. Esta bobina conmuta los contactos del contactor de NA a NC, cerrando el circuito de alimentación en 220 Vca para accionar el actuador (por ejemplo, un motor eléctrico, un calefactor, una electroválvula, etc.), conforme a lo que haya ordenado el programa del sistema cuando el usuario apretó la tecla correspondiente en la interfaz de entrada.

No se explica el concepto de contactor porque el autor ya desarrolló este tema en **Curso Básico de Fuerza Motriz** y en **Curso Básico de Instalaciones Eléctricas** (Editorial Alsina).

El lector puede imaginar que en una interfaz de salida a relé, el trabajo que hace en una instalación eléctrica un contactor, la interfaz a relé lo puede hacer a través de un transistor de conmutación, que al igual que el contactor trabaja alimentando una bobina de trabajo a 12 Vcc que recibe, para energizar la salida de relé en 220 VCA, como se realiza en un contactor. En el caso de una interfaz de salida el transistor contenido en la misma cierra o abre la alimentación en 220 Vca que necesita el actuador (motor eléctrico, por ejemplo)debido a la excitación en 12 Vcc que recibió el transistor de conmutación para energizar su trabajo.

LA UNIDAD CENTRAL DE CONTROL

Las Figuras IV-1 y IV-2 esquematizan las entradas y salidas de la UCC.

La Unidad Central de Control gestiona su trabajo en base al ingreso de señales digitales en un microprocesador empleando una estructura similar a la de una computadora personal o PC, pero con componentes (transistores, etc.) miniaturizados.

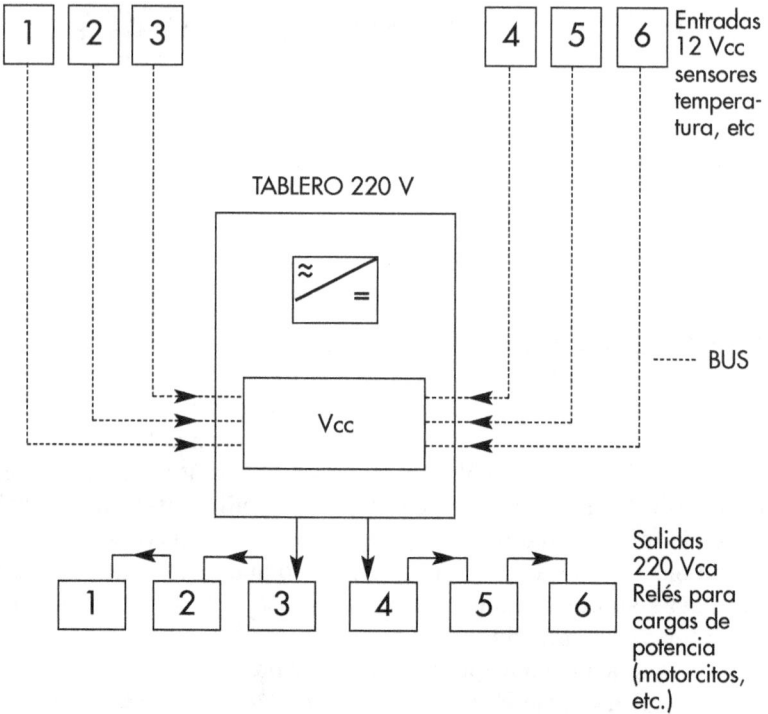

Figura IV-1.

La Unidad Central de Control que puede imaginarse como un pequeño PLC, posee interfaces o módulos de entrada para señales que son "interpretadas" por el software y el hardware de la Unidad Central de Control y módulos de salidas para las señales ya procesadas que manejan tensiones y/o corrientes en las interfaces de los Actuadores.

La Unidad Central de Control tiene una memoria incorporada por el fabricante para hacer "secuencial" el trabajo (inicio-terminación-inicio nuevamente). Por ser secuenciales estos programas se conocen también como de "lazo cerrado".

La tecnología o hardware del programa y la memoria entonces, la inserta el fabricante del la UCC, por lo que el instalador sólo sigue las instrucciones del mismo a través de un manual para hacerlas operativas en las salidas a relé.

El microprocesador interpreta las instrucciones o señales de entrada y salida a gran velocidad, en el orden de los microsegundos, por ejemplo en el sistema Teletask a 1 megavatio por segundo (1Mbps).

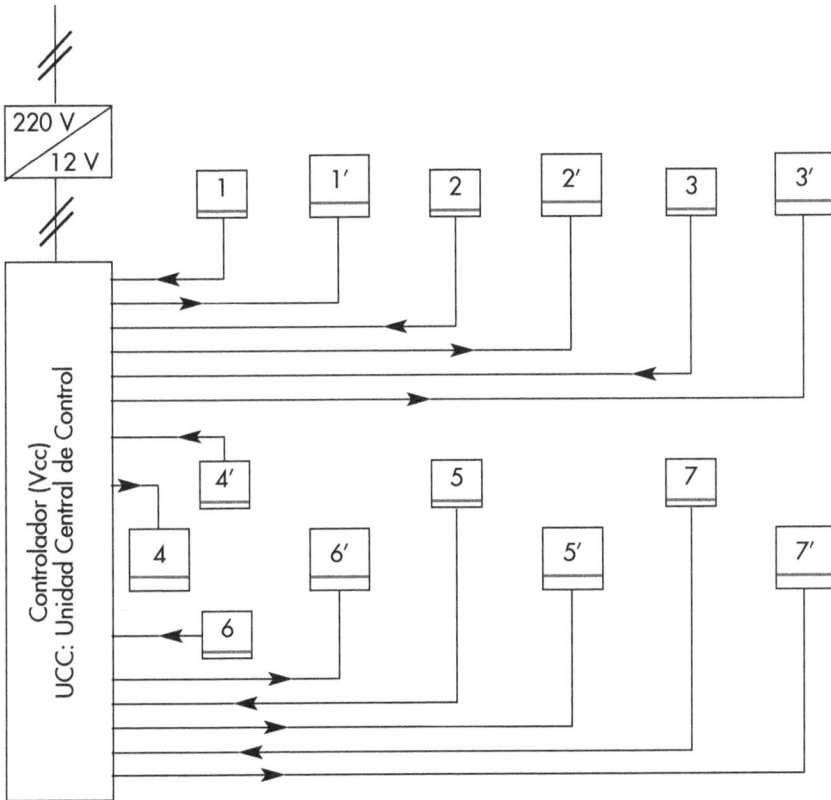

BUS: cable de tensión (12 Vcc) y datos (4 hilos)

Entradas
CABLE BIPOLAR DE DATOS

1. Sensor de temperatura
2. Sensor de iluminación
3. Sensor movimiento de personas
4. Sensor motor riego
5. Sensor motor persianas
6. Sensor de humedad
7. Sensor seguridad técnica

Salidas
CABLE BIPOLAR ALIMENT. 12 Vcc

1'. Salida climatización
2'. Salida iluminación
3'. Salida CCTV
4'. Motor
5'. Motor
6'. Humidistato
7. Electroválvula apra fugas

Nota: El microcontrolador contiene al microprocesador (µCPU), Memoria con programa, Módulos E/S.

Figura IV-2.

Los transistores de conmutación que integran las interfaces son circuitos integrados (diodos, semiconductores, etc.) que obedecen las órdenes de NA a NC a través de un código binario "1 digital = NC" y "0 digital = "NA".

Por ejemplo, cuando la temperatura de un ambiente está baja o alta, un sensor (termostato) dará la información a la Unidad Central de Control por medio de una señal de entrada. El microprocesador interno de la Unidad Central de Control, gestionará esa señal de poco voltaje, pero capaz de energizar la circuitería del microprocesador por haber cerrado un circuito y dará consecuentemente una orden de salida para que se ponga en marcha el mecanismo (actuador), que hará ON u OFF para el fan-coil, calefactor, split, aire acondicionado, etc. (Ver Figuras I-2 y I-3: Secuencia esquemática y operativa de la señal).

Como no todos los instaladores tienen experiencia previa en manejo de computadoras, los fabricantes han concebido programaciones "amigables" o compatibles para el manejo intuitivo de los interfaces de entrada de datos, por ejemplo mediante símbolos gráficos o leyendas específicas impresas en las pantallas táctiles de los módulos de entrada de datos, similares al teclado de una calculadora de bolsillo.

Un "contacto seco" (se denomina seco porque no tiene tensión, como por ejemplo una tecla o pulsador), como apretar una tecla o pulsador, es "leído" por un contacto NC dentro del miniprocesador de la UCC, con lo cual se cierra un circuito que energiza en 12 Vcc la circuitería del microprocesador, como ya lo explicáramos precedentemente, es decir una señal digital (pulsación)actúa cerrando un circuito que permite el trabajo de otro circuito pero con mayor tensión, o sea la que proporciona la fuente de alimentación en 12 Vcc a la circuitería del microprocesador. La tensión de la señal es muy débil, no más de 5 Voltios, pero suficientemente procesada (Ver Fig. I-3) toma una magnitud eléctrica del orden de los 5 Voltios ("1" en lenguaje binario).

ENTRADAS DISCRETAS (SENSORES DISCRETOS)

Los sensores son dispositivos electrónicos (tarjetas, chips) que conforman circuitos integrados (llevan incorporados componentes como diodos y otros), que convierten una variable física en un valor eléctrico. Este valor eléctrico puede ser en corriente (0-20 mA) o en tensión (0-10V).

Los sensores conforman los módulos de entrada de datos a la Unidad Central de Control. Los módulos de E/S se denominan periféricos del sistema.

CLASIFICACIÓN DE LOS ELEMENTOS DE ENTRADA

Los elementos de entrada pueden ser:

- pulsadores o teclas,
- sensores.

Como su nombre lo indica, los pulsadores o teclas por construcción pueden poseer contactos o NA o NC, o inclusive uno de cada uno de ellos.

Los pulsadores generan una señal de tipo discreto (discreto quiere decir de corta duración). El instalador puede pensar en cómo trabaja un telégrafo: con puntos y rayas de corta duración, como ejemplo de señales discretas.

Como ya se ha dicho, cuando se genera una señal discreta por un "contacto seco", se cierra un circuito que energiza con 12 Vcc al microprocesador.

Para accionar pulsadores o teclas es necesario la mano del hombre (digital).

Los sensores en cambio son elementos formados electrónicamente (incorporan algún componente de microelectrónica de los que forman los circuitos integrados).

Se los puede clasificar en:

- discretos,
- analógicos.

Los sensores discretos simplemente captan señales que generen un "1 lógico" o un "0 lógico" y pueden operar tanto con señales de tensión como de corriente sea continua o alterna.

Los sensores analógicos captan variaciones de señales que tienen carácter de continuidad sinusoidal, donde interesa captar sólo el entorno de determinados valores de variación, por ejemplo de 1 a 10 Voltios, tomar valores de 1,5 V, 5 V, etc., y sólo para dar una orientación al lector.

En un sensor de temperatura, como es un termostato, dos metales diferentes al hacer contacto generan un cierto voltaje o tensión eléctrica y consecuente paso de corriente que depende de la temperatura que los hizo unir por dilatación del calor, lo cual tiene relación con el valor de temperatura que se desea medir (por ejemplo para entrar en servicio un sistema de aire acondicionado), es decir son valores programados por el usuario.

Los sensores de circuito integrado poseen un circuito que se basa en el trabajo de minicomponentes de la microelectrónica, como puede ser un diodo que se sensibiliza por ejemplo con los efectos de temperatura que está captando.

Los sensores también se denominan captores, porque actúan como el "ojo" del sistema del control automático.

ACTUADORES

Los actuadores empleados en domótica son esencialmente actuadores eléctricos o electrónicos. Son dispositivos de potencia porque actúan movilizando motores a 220 Vca para generar un trabajo mecánico como subir/bajar persianas, etc. En esencia son interfaces fabricadas con circuitos integrados.

Ingresa una tensión de 12 Vcc que energiza un transistor de conmutación (como lo hace una bobina de trabajo de un contactor que trabaja a 12 Vcc), para abrir o cerrar el circuito de trabajo que energiza en 220 Vca al actuador (motor eléctrico, electroválvula, tomacorriente, etc.).

Los relevadores o salidas a relé hacen la función de interfaz entre la etapa de control en la unidad central y la etapa de potencia. Las salidas a relé demandan una cantidad importante de corriente (2ª,hasta normalmente 10A), motivo por el cual deben considerarse como elementos de potencia eléctrica. Para energizar su bobina de trabajo, como en los contactores, se recurre a transistores de potencia. Los transistores de potencia son en realidad transistores de conmutación que trabajan electrónicamente como "contactores". Se sensibilizan con la tensión de 12 Vcc que le envía el microprocesador, para la conmutación de 12 Vcc a la de 220 Vca, provocando en el circuito que acciona el actuador el on/off del motor eléctrico o actuador al que sirven.

ESQUEMA DE CONEXIÓN TELETASK

Las Figuras III-3 y III-4 muestran el Sistema Teletask.

Este sistema es de origen belga e ingresó en el mercado europeo hacia la década de 1980 para servicio de domótica en edificios.

En el esquema se puede apreciar la interconexión de sus componentes.

Este sistema utiliza la instalación eléctrica domiciliaria. En el gabinete del tablero de la vivienda se instala el sistema Teletask, que consta esencialmente de una Unidad Central de Control (UCC), alimentada por una Fuente de Alimentación 220 Vca/12 Vcc, de donde sale el Autobús (ver Figura del Cable .Autobús).

Como se puede observar en la Fig. IV-5, el autobús es un cable con 5 conductores, de los cuales 2 conductores están destinados a datos, 2 conductores a la alimentación en 12 Vcc para los módulos de E/S y otro conductor de reserva que puede utilizarse para señales infrarrojas (IR) destinados a audio/televisión (A/V).

Los módulos de E/S son circuitos integrados que necesitan activarse con 12 Vcc. Los módulos de entrada reciben señales o datos ingresan al UCC, donde son gestionadas o procesadas para dirigirse a través de los módulos de salida hacia los respectivos actuadores (motores para accionar persianas, sistemas de riego, calefactores, etc.).

En la UCC está insertado un programa o software diseñado por cada fabricante para cada necesidad del usuario. El usuario dispone de una interfaz de entrada de datos (módulo de entradas). Esta interfaz de entrada de datos es una pantalla con botoneras como la indicada en la Figura III-3. En esta pantalla y a través de los conductores para datos del autobús, ingresan datos a la UCC para su proceso digital y actuación conforme al programa diseñado por el fabricante. Esas señales o datos son direccionados a través del cable de potencia de 12 Vcc hacia los actuadores.

La cantidad de interfaces o módulos de E/S depende del sistema que necesita el usuario y de las características del producto según el fabricante.

CAPÍTULO V

AUTÓMATAS LÓGICOS PROGRAMABLES

RELÉS INTELIGENTES (Figs. V-1 y V-2)

Para servicios de poca envergadura y otras aplicaciones que necesitan pocas señales de entrada y salida, se fabrican los relés inteligentes o autómatas programables de características reducidas, útiles para la automatización de pequeñas tareas independientes como calefacción, iluminación, bombas, etc.

En estos componentes las funciones binarias básicas son AND, OR, NOT, NOT AND, NOR, pues la programación más difundida es la denominada *ladder* (escalera).

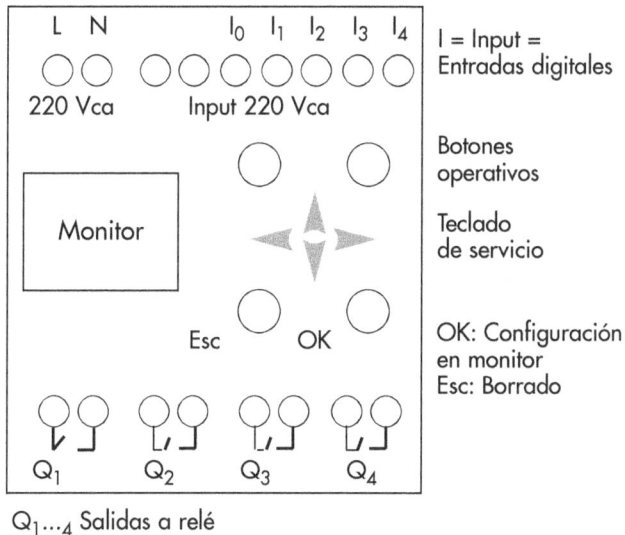

$Q_{1...4}$ Salidas a relé

Figura V-1.

Cabe mencionar que la Electrónica es la ciencia de transmisión de datos o información de señales más difundida gracias al desarrollo de los semiconductores, que han permitido el diseño y fabricación de circuitos integrados conformados por transistores, resistencias, diodos, etc., agrupados en los denominados chips o tarjetas. Son dispositivos que podríamos considerar como PLC elementales, de aplicación limitada y ya superada para la automatización de determinados servicios como riego, iluminación, pero en forma desintegrada, es decir con limitación para atender diversos actuadores. Encontramos en la técnica el término "inteligente" aplicado a un edificio. Este término se debe asociar a un circuito integrado fabricado para procesar información (datos, señales) de carácter binario (lógico) o analógico. La técnica analógica va cayendo en desuso por los mayores costos de producción industrial.

La terminología empleada en los relés inteligentes y en general en autómatas, es de carácter homologado conforme a Normas IRC, CEI, IRAM y tales como:

Fuente de alimentación o alimentador. Es el componente que suministra la tensión en 12 Vcc y hasta 24 Vcc para energizar la circuitería del microprocesador (Ver Figura de microcontrolador). Recordemos que el microprocesador es un componente del microcontrolador conforme puede observarse en la Fig. I-6.

En los módulos autómatas inteligentes (Figs. V-1 y V-2) también existen los módulos de entrada y salida (E/S), donde las salidas son las denominadas salidas a relé en 220 Vca, actuando también como un contactor donde el autómata energiza un transistor de conmutación a 12 Vcc para la actuación de la salida a relé como contactor de la misma forma que lo hace el contactor en una instalación eléctrica convencional, pero más económica y simplificada.

En los relés inteligentes, también los módulos de entrada tienen sensores que transforman una señal física (nivel, temperatura, luz, etc.) en una corriente eléctrica de muy bajo voltaje (por ejemplo 5 Voltios), que al ingresar en la circuitería del microprocesador energiza la misma a través de un contacto NC en 12 Vcc para la alimentación de la salida a relé a través de un transistor de conmutación que vendría a trabajar como la bobina de trabajo de un contactor.

Los circuitos integrados de los módulos inteligentes se comportan como relés auxiliares que cumplen órdenes binarias emanadas de un programa incorporado en el autómata por el fabricante y para una función determinada (accionamiento de una electrobomba, una electroválvula, etc).

En los relés inteligentes también está incorporado un microprocesador o micro CPU como el de las PC, pero que tiene un tamaño del orden de 1cm². (CPU es la sigla en inglés de Central Processing Unit, de ahí el nombre de Unidad Central de Proceso, UCC).

En los relés inteligentes o sistemas descentralizados cada micro CPU realiza su función pero en forma desintegrada.

La memoria insertada en el microprocesador más empleada es la denominada EEPROM (Electrically Erasable Programmable read Only Memory).

En una memoria de escritura y lectura como la RAM (Random Access Memory) es sólo de lectura.

MEMORIA DE PROGRAMA

Como el programa a ejecutar es siempre el mismo, este debe estar grabado en forma permanente. Se admiten las siguientes versiones:

ROM. En este tipo de memoria el programa se graba en el chip (pastilla).

EPROM. Se utiliza básicamente para el desarrollo de prototipos, ya que es posible programar y reutilizar el microPLC borrando el programa mediante un haz de luz ultravioleta aplicado sobre una ventana de cristal.

EEPROM. Permite el almacenamiento de un programa y su borrado por medios eléctricos.

Las señales se llaman discretas porque contienen poca información, su reproducción es sencilla y se pueden almacenar en una memoria.

Los autómatas estarán en general equipados con un teclado operativo y amigable, similar al de una calculadora, donde se encuentran los símbolos que se emplean para la elaboración del programa o software que direcciona las operaciones requeridas por el usuario. Cuentan con una pantalla de LCD en donde se representa la función utilizada (riego, iluminación, etc.).

En los autómatas simples el bus está formado por un cable bipolar trenzado de 2 x 0,5 mm² a través del cual se conectan sensores y actuadores, con el consiguiente límite de potencia e intensidad eléctrica especificados por el fabricante del autómata.

Los fabricantes realizan estos cableados preconfeccionados, testeados sobre fallas para corrientes parásitas que puedan afectar las señales de comando o información.

La topología en bus tiene en general las siguientes ventajas:

- Fácil instalación que permite insertar y desconectar componentes por un sistema a presión o rack, o sea por sistemas de conectores a presión con ausencia de roscas y tornillos.
- En general cada uno de sus componentes realiza su propio control.
- El funcionamiento defectuoso de un componente no afecta al resto del sistema.
- La velocidad de información es elevada (datos o telegramas).
- La longitud de cableado se minimiza.

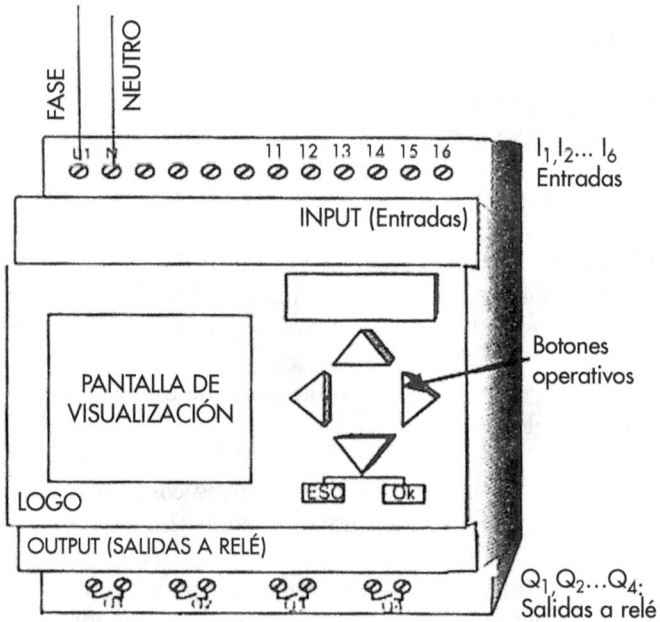

Figura V-2. Relé inteligente (LOGO)
Autómata programable

Cubierta
exterior

Apantallamiento
plástico

Conductores
BUS

Apantallamiento
metálico

Hilo metálico
(cable guía)

Dieléctrico

Positivo

Masa

Aislante exterior

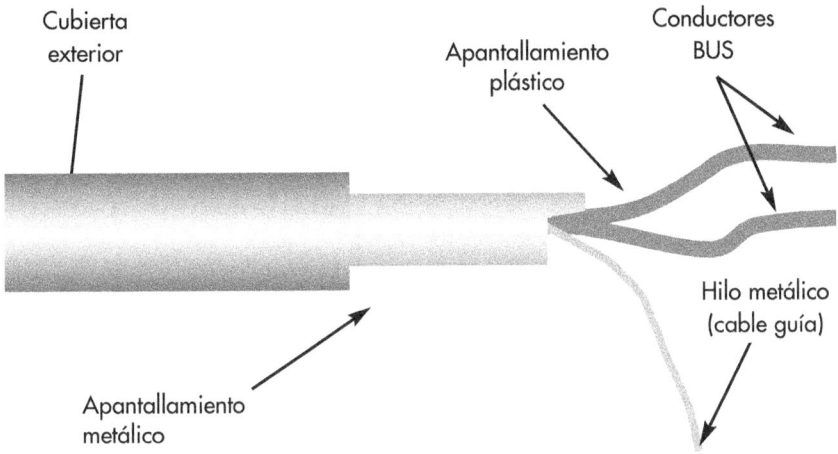

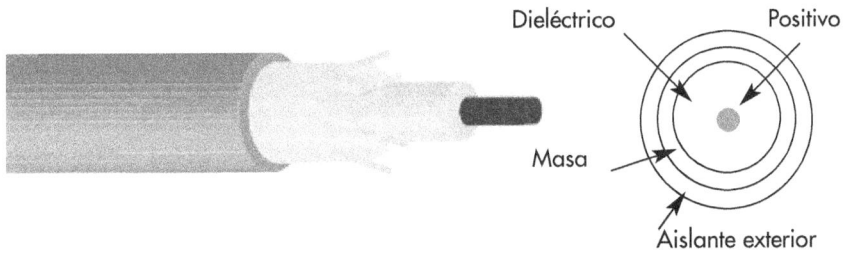

Cable coaxial

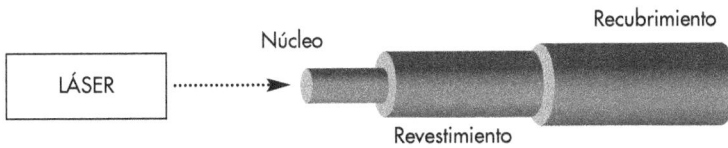

Recubrimiento

Núcleo

LÁSER

Revestimiento

Fibra óptica

Figura V-3. Tipos de cables usados en Domótica.

CAPÍTULO VI

EXPLICACIONES COMPLEMENTARIAS

El bus es el elemento para transmisión de datos o señales compuesto por un cable formado por dos conductores. Es entonces un par consistente en dos conductores aislados, retorcidos, con un paso fijo y estable. El pareado de los cables se denomina torzado. El torzado o trenzado de los conductores evita la interferencia provocada por "ruido magnético", el cual puede ser generado por campos magnéticos, radiaciones de cables de potencia, motores cercanos, transformadores, balastos, etc.

Es esencial considerar un blindaje para el cable bus, pues los datos son señales débiles que pueden ser interferidas o modificadas por perturbaciones electromagnéticas externas. Para ello se utiliza un blindaje general. Cuando se tienen cables formados por más de un par o terna, es decir multipares o multiternas, y se quiere proteger la señal de un par respecto de otro contiguo, se utiliza el blindaje individual (BI). Como regla general, los fabricantes de cableado para autómatas programables (PLC, Domótica, Inmótica), aconsejan:

- Si un cable multipolar lleva señales digitales, alcanza con un blindaje general (BG), porque no se producen interferencias con este tipo de señales (Fig. VI-1).

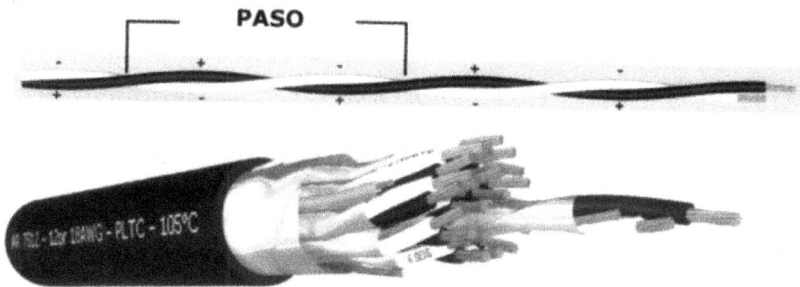

Si un cable multipar lleva señales analógicas se debe usar un blindaje individual + general (BI+BG), porque existe la posibilidad de que una señal de un par interfiera con la de otro par adyacente.

Figura VI-1.

– Si un cable multipolar lleva señales analógicas se debe usar un blindaje individual, más uno general (BI + BG) porque existe la posibilidad de que una señal de un par interfiera en la del otro par adyacente (ver Fig. VI-1).

No es adecuada la transmisión en un mismo cable de señales analógicas y digitales.

TIPO DE BLINDAJE

Existen diferentes tipos de blindaje, cada uno con sus ventajas y desventajas. En general los fabricantes recomiendan el blindaje formado por una cinta de aluminio-poliéster (Fig. V-3) sobre cada par de blindaje individual (BI) o sobre el conjunto o mazo de los cables pares con blindaje general (BG).

En la construcción el fabricante aplica la forma helicoidal, asegurando una cobertura del 100% con un solapado adecuado en contacto con la cara de aluminio. Además se dispone de una cuerda de cobre estañado que garantiza la continuidad del blindaje y permite una conexión más sencilla y segura de la pantalla a tierra para drenar las interferencias (radiofrecuencias RF, armónicas, corrientes parásitas en general) que pueden debilitar la señal a transmitir por el bus.

La Fig. V-3 muestra la conformación de los cables empleados en Domótica.

La fibra óptica permite la transmisión de luz, en lugar de corriente eléctrica. La transmisión se hace a través de una fibra de vidrio llamada núcleo. La fuente de luz puede ser un diodo láser que emite pulsos o señales de luz, cuando se le aplica una corriente eléctrica.

La fibra óptica no conduce electricidad, únicamente luz. Es un sistema que reduce los gastos de consumo eléctrico y de poco mantenimiento.

La Fig. VI-1 muestra las especificaciones de dan los fabricantes de cables para domótica, en lo que se refiere al paso para el trenzado de la formación bipolar de los hilos. Como ya se explicó, la finalidad del trenzado es la de eliminar los efectos de corrientes parásitas formadas por la acción de campos electromagnéticos exteriores que perturban la calidad de señal que envían los sensores al microcontrolador.

La Fig. VI-2 nos muestra un tablero de domótica, donde van dispuestos los elementos operativos que hemos indicado en las figuras III-3 y III-4. Normalmente dentro de este tablero de domótica también va incluida la fuente de alimentación 220 Vca / 12 Vcc.

En la Fig. VI-2 se indica el interruptor termomagnético (ITM) que protege al circuito alimentador de la fuente de alimentación en la instalación domiciliaria de 220 Vca, contra sobrecargas y cortocircuitos, más el protector diferencial.

¿Cómo es una instalación de domótica?
EL TABLERO

Tablero de domótica

Tablero de protecciones

- Actualmente en la AEA (Asociación Electrotécnica Argentina) se está discutiendo la reglamentación para las instalaciones eléctricas que contemplan los sistemas de domótica.

- Pueden realizarse tableros con separación o dos tableros.

Disposición ilustrativa conforme AEA.

Figura VI-2.

La Fig. VI-3 nos muestra la integración dentro del tablero de distribución domiciliaria de la red de alimentación en 220 Vca, cómo va dispuesto el cable autobús y en el sistema Teletask. Observamos un panel de entrada de datos donde el par para señales del cable auobús transmite las señales o datos de los sensores según muestra la Fig. VI-5.

La Fig. VI-3 muestra la inserción que ilustra la Fig. VI-4,donde se observa la posible utilización de la red domiciliaria en 220 Vca para dispones dentro de ella un sistema de cable para domótica.

Cuando el usuario pulsa el panel con botoneras envía señales que son captadas por la UCC, donde se gestionan las mencionadas señales para energizar la circuitería del microprocesador y direccionar la alimentación en 12 Vcc para los transistores de conmutación, que actuando como "contactores" harán entrar en servicio los actuadores (motores, electrodomésticos conectados a los tomacorrientes, luminarias, etc).

En el tablero domiciliario se ha indicado con (1) en la Fig. VI-3, el lugar donde van instalados los elementos operativos de la Fig. III-3 o sea los componentes de domótica, fuente de alimentación 220 Vca / 12 Vcc y las protecciones reglamentarias que exige la AEA para instalaciones domiciliarias que ya conoce el instalador electricista.

En la Fig. VI-4 se muestran teclas o botones de entrada de datos 1 y 2 (Input = entrada) y correspondientes salidas hacia los actuadores (output = salida),correspondientes a la energización de los actuadores.

La Unidad de Control (Vcc) gestiona las señales que se transmiten desde las interfases de entrada y determina sus respectivas salidas en 12 Vcc hacia los actuadores (motorizaciones, iluminación, etc.). La Vcc contiene un software que capta las señales conducidas por 2 hilos del autobús y las procesa.

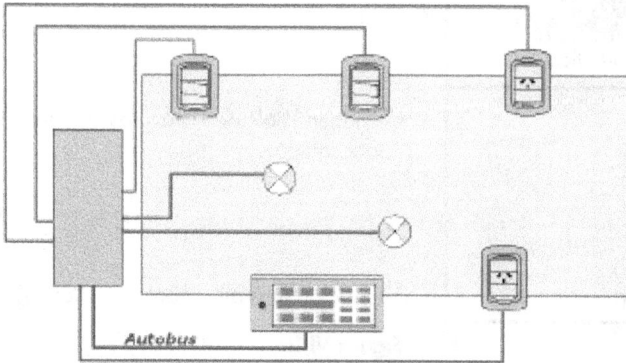

1) Tablero domiciliario cuyo gabinete contiene la Vcc, fuente de alimentación 220/12 Vcc.
2) Interfaz de entrada de datos: los botones pulsados, a través de 2 hilos ingresan los datos a Vcc para su proceso digital cerrando la circuitería en 12 Vcc conforme al software diseñado por el fabricante.

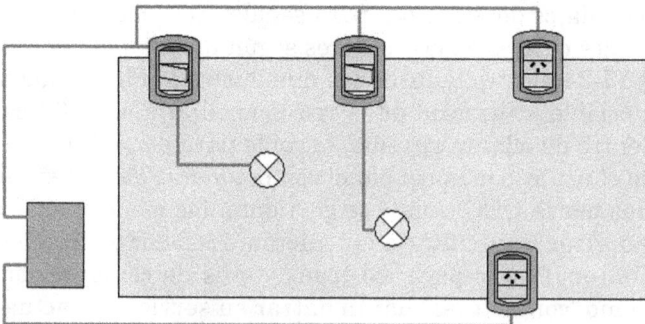

Según el fabricante, la cantidad de entradas digitales (o analógicos) para los distintos sensores, existe un software (programa de usuario).

Figura VI-3.

Cada tecla que se pulsa en un interruptor de pared o en un panel de entrada de datos, permite la circulación de un señal eléctrica hacia el CPC del control del autómata programable donde es procesado para activar la salida a relé que gestiona un actuador (escenario de iluminación, electrodoméstico, sistema de riego, etc.). El autobús es un cable de 2 conductores para información (12 Vcc). La información son las entradas (input) que provienen del panel de entrada de datos (para los tomacorrientes) y de las teclas de los interruptores para las luminarias de los escenarios.

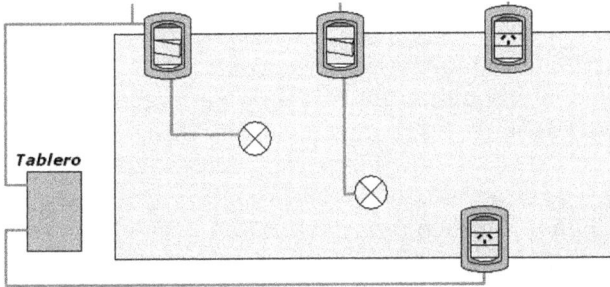

Por diferente que pueda parecer en primera instancia, hacer una instalación de domótica es simple. Para ser más específicos, hay tres cosas a tener en cuenta, que son las principales diferencias con las instalaciones tradicionales:

1. El tablero eléctrico.
2. Las canalizaciones utilizadas.
3. El cableado y su topología.

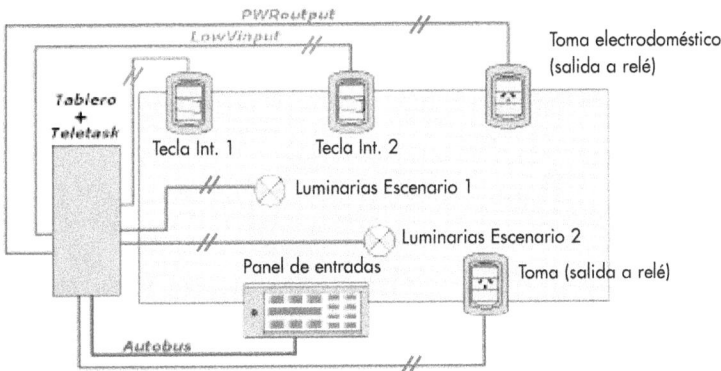

Del autobús salen 2 conductores para información (12 Vcc).
De las teclas de los interruptores ídem, ídem.
Del Telestak salen 2 conductores para los escenarios de iluminación y los tomacorrientes en 220 Vca.
El Teletask instalado en el tablero de distribución de la vivienda contiene el CPU; la memoria y a fuente de alimentación 220 Vca/12 Vcc.

Figura VI-4. Instalación eléctrica de domótica vs. Instalación tradicional.

CONSIDERACIONES SOBRE LOS LEDS

A diferencia de los bulbos tradicionales, los led no tienen filamento. Están conformados por varias capas de cristal que producen luz cuando una corriente pasa a través de ellos. Son durables y eficientes. Esto significa que pueden trabajar más eficientemente en ambientes industriales, donde los bulbos tradicionales serían destruidos por las vibraciones. Generan mucho menos calor que los bulbos tradicionales. No emiten rayos ultra violeta (UV). Pueden ser colocados cerca de artículos de arte o de cualquier otro material delicado. Pueden ser 100% dimerizables, no requieren de balasto o de mercurio gaseoso. Utilizan muy poca corriente y son muy durables. Utilizan aproximadamente el 10% de energía de una lámpara incandescente. El promedio de vida de los leds es de 100.000 horas, lo cual equivale a una vida útil entre 10 y 15 años. Los beneficios se cosechan con el recambio y el bajo consumo utilizado.

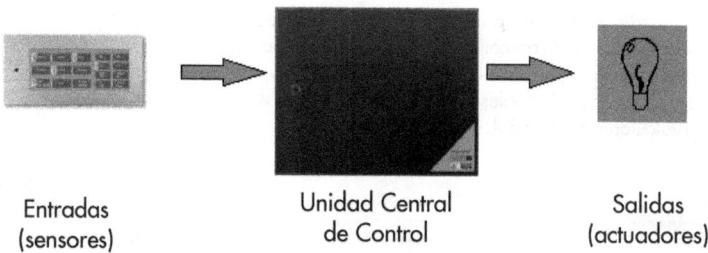

Entradas
(sensores)

Unidad Central
de Control

Salidas
(actuadores)

Figura VI-5. Secuencia operativa de los componentes.

ESQUEMAS DE TOPOLOGÍA DE BUS

La Fig. VI-5 muestra la secuencia operativa entre los componentes de domótica comentados en capítulos anteriores. La Fig. VI-6 muestra los esquemas de tipología de bus. Todas las tipologías son abiertas, también denominadas "en guirnalda".

Topología de instalación de línea

LINEAL

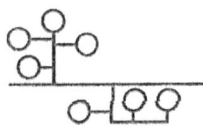

Fuente de alimentación

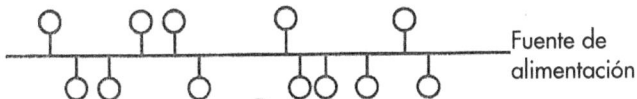

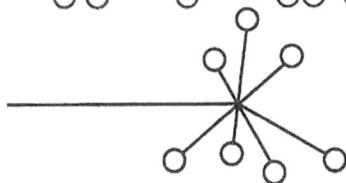

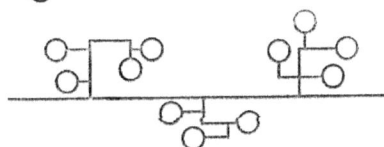

Fuente de alimentación

ESTRELLA

Fuente de alimentación

MIXTA

Fuente de alimentación

Figura VI-6. Esquema de la topología BUS.

BIBLIOGRAFÍA CONSULTADA

Juan Millar Esteller: *Técnicas y Procesos en las Instalaciones Automatizadas en Edificios*, Editorial Paraninfo.

Cembrano, J.: *Electrónica General de Florencio*, Editorial Paraninfo.

Serna Ruiz, Antonio y García Gil, José Vicente: *Lógica Digital y Microprogramable,* Editorial Paraninfo.

Revistas Especializadas en el Centro de Documentación del COPIME (Consejo Profesional de Ingeniería Mecánica y Electricista).

Cursos de Capacitación de SICA.

Cursos de Capacitación de Plasnavi.

www.ingramcontent.com/pod-product-compliance
Lightning Source LLC
Chambersburg PA
CBHW070911280326

41934CB00008B/1676